Lieblingsplätze

OLDENBURGER LAND

GMEINER

CHARLOTTE UECKERT / RALF BERNSMANN

Autorin und Verlag haben alle Informationen geprüft. Gleichwohl wissen wir, dass sich Gegebenheiten im Verlauf der Zeit ändern, daher erfolgen alle Angaben ohne Gewähr. Sollten Sie Feedback haben, bitte schreiben Sie uns! Über Ihre Rückmeldung zum Buch freuen sich Autor und Verlag: lieblingsplaetze@gmeiner-verlag.de

Dank an meinen Cousin Gerhard Hanßmann und seine Frau Annegret und an Ralf Bernsmann für erlebnisreiche Rundfahrten

Sofern nicht im Folgenden gelistet, stammen alle Bilder von Ralf Bernsmann: Charlotte Ueckert 102, 106, 126/127, 166, 182, 188.

QR-Code einscannen und kostenloses E-Book anfordern.

Besuchen Sie uns im Internet:
www.gmeiner-verlag.de

1., überarbeitete Neuausgabe 2022

Im Ehnried 5, 88605 Meßkirch
Telefon 07575/2095-0
info@gmeiner-verlag.de

Herstellung: Julia Franze
Bildbearbeitung/Umschlaggestaltung: Susanne Lutz
unter Verwendung der Illustrationen von © actionplanet – www.stock.adobe.com; © SylwiaNowik – www.stock.adobe.com; © SimpleLine – www.stock.adobe.com; © SG- design – www.stock.adobe.com; © Katrin Lahmer; © Benjamin Arnold; © Susanne Lutz
Kartendesign: © Maps4News.com/Here
Druck: AZ Druck und Datentechnik GmbH, Kempten
Printed in Germany
ISBN 978-3-8392-0162-6

Vorwort • Vorneweg
Eine frühe und späte Liebe 10

STADT OLDENBURG

1 **Oldenburg** • Lange Straße und Herbartgang
Zur Erbsensuppe ins Einkaufszentrum 17

2 **Oldenburg** • Spaziergang vom Schlauen Haus zu »meinem« Löwen
Militärischer Glanz 19

3 **Oldenburg** • Schloss
Im Mittelpunkt Oldenburgs 21

4 **Oldenburg** • Schloss: Die Sage vom eingemauerten Kind
Etwas Lebendiges 23

5 **Oldenburg** • Schlossgarten
Wasser, Rosen und Kakteen 25

6 **Oldenburg** • St.-Lamberti-Kirche
Römisches Flair 27

7 **Oldenburg** • Spaziergang durch Alt-Oldenburg
Lappan, Degodehaus und Pulverturm 29

8 **Oldenburg** • Augusteum
Große Kunst auf überschaubarem Raum 31

9 **Oldenburg** • Prinzenpalais
Kunst der Moderne in edlem Ambiente 33

10 **Oldenburg** • Landesmuseum Natur und Mensch
Wie Leben entstand und weitergeht 35

11 **Oldenburg** • Ols Brauhaus am Hafen
Feiern und Ausruhen am Hafen 37

12 **Oldenburg** • Horst-Janssen-Museum
Eine Welle im Stadtbild 39

13 **Oldenburg** • St. Gertrudenkapelle: Die Gertrudssage
Schöne Mädchen leben gefährlich 41

14 **Oldenburg** • Stadtmuseum
Wie in Großvaters Zeit 45

15 **Oldenburg** • Pferdemarkt
Eheversprechen in Militärkasernen 49

16 **Oldenburg** • PFL – Peter-Friedrich-Ludwig-Hospital
Vom Krankenhaus zum Kulturzentrum 51

17 **Oldenburg** • Hörgarten Oldenburg
Auf dem Hörthron der Wissenschaft 53

18 **Oldenburg** • Bümmersteder Krug
Speisen im Bauernhaus 55

Oldenburg • Berühmte Töchter und Söhne der Stadt
Vor allem Denker 56

UM OLDENBURG HERUM

19 **Wardenburg** • Die Sage vom Hunteufer
Der Schuster und die Zwerge 61

20 **Rastede** • Schloss und Palais Rastede
Jeder ein kleiner Feudalherr 63

21 **Sagenwelt** • Die Sage um das Gottesurteil
Ein Graf trickst den Kaiser aus 65

22 **Bad Zwischenahn** • Fährkroog Dreibergen am See
Essen, wo Ritter schliefen 67

23 **Bad Zwischenahn** • Spaziergang am See und Einkehr in der Spieker Gaststätte
Aale und Rhododendron 69

24 **Bad Zwischenahn** • Park der Gärten
Blühendes Ammerland 71

25 **Sagenwelt** • Ahlhorner Heide: Die Sage der Schatzsucher
Am Zwischenahner Meer und anderswo 73

26 **Edewecht** • St.-Nikolai-Kirche
Ein Kirchdorf im Ammerland 75

27 **Westerstede** • Schloss Fikensolt: Die Sage von der Braut
Eine Fantasie 77

28 **Westerstede** • Rhododendronpark Hobbie bei Petersfeld
Wie im Rausch 79

29 **Elisabethfehn** • Elisabethfehnkanal
Kanäle im Fehnland bis zum Horizont 81

30 **Barßel** • Hafen im Erholungsgebiet Barßel-Saterland
Eine Insel im Land 83

31 **Saterland** • Johanniterkapelle Bokelesch
Nur eine Kapelle blieb 85

32 **Zetel** • Schloss Neuenburg: Die Sage von der Ernte
Was ein Graf von Bauern lernen kann 87

33 **Jever** • Spaziergang durch die Altstadt
Eine Stadt fast am Meer 89

34 **Jever** • Schloss
Hochverehrt: das Fräulein Maria 91

35 **Wilhelmshaven** • Burg Kniphausen
Reichsfreie Herrlichkeit im Norden 93

36 **Wilhelmshaven** • JadeWeserPort
Eine Zukunftsmusik 97

37 **Wilhelmshaven** • Burg Kniphausen:
Die Sage von Frau Benlop
Von der Geliebten zur weißen Frau 99

38 **Wilhelmshaven** • Strandspaziergang
Urlaub wie im Süden 101

39 **Wangerooge** • Alter Leuchtturm
Inselwanderin nach Osten 103

40 **Wangerooge** • Café Pudding
Ein rundes Wahrzeichen 107

41 **Sande** • Kletterturm Monte Pinnow
Bergsteigen am alten Bunker 109

42 **Sande** • Spaziergang durch die Altstadt Neustadtgödens
Das Städtchen zum Schloss 111

43 **Sengwarden** • St.-Georgs-Kirche: Die Sage von Pastor Crome
Mit einem Choral gegen den Teufel 115

44 **Varel** • Jadebusen bei Dangast
Von Fluten gestaltet 117

45 **Varel** • Kurhaus Dangast
Ein Haus an der Klippe wird Kult 119

46 **Varel** • Franz Radziwill Haus in Dangast
Heimat für einen Maler 121

47 **Varel** • Waisenstift
Das schönste Waisenhaus von außen 123

48 **Jade** • Schwimmendes Moor bei Sehestedt
Noch zu erleben 125

49 **Butjadingen** • Preußeneck und Kirche St. Lamberti bei Eckwarderhörne
Pickelhauben im Störtebekerland 129

50 **Blexen** • St.-Hippolyt-Kirche
Christianisierung auf Handelswegen 131

51 **Nordenham** • Friedeburgpark
Industrie und Landpartie 133

52 **Stadland** • St.-Matthäus-Kirche und schiefer Turm in Rodenkirchen
Zuflucht auf Wurten 135

53 **Brake (Unterweser)** • Spaziergang durch die Altstadt
Hüterin der Unterweser 137

54 **Brake (Unterweser)** • Harriersand
Längste Flussinsel Deutschlands 139

55 **Ovelgönne** • Rundgang durchs historische Zentrum
Geschichtsträchtiges Hinterland 141

56 **Elsfleth** • Spaziergang durch die Altstadt
Stadt an zwei Flüssen 143

57 **Elsfleth** • Am Kai
Panorama-Café mit Schulschiff 145

58 **Elsfleth** • Morriemer Landcafé
Ein Gürtel zum Wohnen 147

59 **Vielstedt** • Spaziergang durch den Hasbruch
Wo Bäume uralt werden 149

60 **Hude** • Kloster Hude
Ruinen, Schänke, keine Mönche 151

61 **Hude** • Klosterschänke Hude
Verführt werden zur Heirat 153

62 **Delmenhorst** • Rundgang durch die Innenstadt
Raubritter, Jugendstil und Industrie 155

63 **Ganderkesee** • Die Sage von der Rückkehr
Ein Kreuzfahrer bei Ganderkesee 159

64 **Wildeshausen** • Pestruper Heide
Ein Friedhof aus der Jungsteinzeit 161

65 **Wildeshausen** • Alexanderkirche
Mal katholisch, mal evangelisch 163

66 **Hatten** • St.-Ansgari-Kirche in Kirchhatten
Kirchen, die berühren 165

67 **Huntlosen** • Meyers Gasthaus Huntlosen
Kohlfahrt ins Grüne 167

68 **Großenkneten** • Fischteiche Ahlhorn
Zwischen Teichen und ihren Fischen 169

69 **Neerstedt** • Spaziergang durch den Dötlinger Dorfkern
Musterdorf in der Geest 171

70 **Sagenwelt** • Die Sage vom Dötlinger Hexenstein
Geheimnisse zum Gruseln 175

71 **Visbek** • Steingräber *Braut* und *Bräutigam*
Steinzeugen für Liebe und Tod 177

72 **Garrel** • Thülsfelder Talsperre
Künstlich aber naturnah 179

73 **Cloppenburg** • Museumsdorf Cloppenburg
In der Welt unserer Vorfahren 181

74 **Sögel** • Clemenswerth
Ein Jagdschloss für den Kurfürst 183

75 **Dinklage** • Kloster Dinklage
Von der Scheune zur Kirche 185

76 **Lembruch** • Dümmer See und Dammer Berge
Natur und Freizeit ganz im Süden 187

Literatur 189

Eine frühe und späte Liebe

Vorneweg

Die norddeutsche Landschaft um Oldenburg herum bietet eine enorme Vielfalt: Insel, Küste und Meer, Marsch, Moor und Geest, Fischerdörfer, wald- und feldumschlossene Bauerngehöfte und Residenzstädte, gebaut in der Zeit der Feudalherrschaft. An Oldenburg lässt sich die wechselhafte Geschichte dieser Region erkennen, von der Grafschaft über das Großherzogtum und den Freistaat bis hin zum heutigen Teil des Bundeslandes Niedersachsen. Die drei größten Städte Oldenburg, Wilhelmshaven und Delmenhorst haben zwischen 170.000 und 80.000 Einwohner, bleiben also überschaubar, doch produktiv und lebendig.

Je mehr ich als Erwachsene das Oldenburger Land kennenlernte, von meiner Geburtsstadt Oldenburg bis zu den Urlauben auf der Insel Wangerooge, umso mehr verstand ich meinen Onkel, der in den frühen 50er-Jahren nach Amerika ausgewandert war. Fast jeder seiner Briefe an die Familie zu Hause endete mit der Frage: »Und wie geht es im Oldenburger Land, dem schönsten der Welt?« Damals hielt ich ihn für ausgesprochen beschränkt. Wie konnte jemand so etwas schreiben, der New York gesehen hatte und jetzt in Florida lebte?

Auf meinen Fahrten von Delmenhorst nach Oldenburg zu meiner Großmutter versuchte ich aus dem Zugfenster zu entdecken, was denn hier so besonders sein sollte. Endlos erschien mir die halbe Stunde Fahrt durch flache grüne Wiesen, umrahmt von Wäldchen und umzäunten Feldern, besetzt von schwarz-weißen Kühen. Erst der Hafen an der Hunte, der kurz vor dem Oldenburger Bahnhof auftauchte, schien für mich als Kind interessant. Dort, in der schönen Jugendstilhalle mit dem angrenzenden Fürstenbahnhof, erwartete mich der Onkel. Auch als er als alter Mann nach Oldenburg zurückkam, wo er jetzt auf dem Friedhof liegt, konnte ich ihn nicht verstehen.

Begeistert wäre er über einen prominenten Zeugen dieser Heimatliebe gewesen, den 1884 in Wiefelstede bei Oldenburg geborenen Theologen Rudolf Bultmann, der bei einem Rom-Besuch 1938 auf einer Postkarte schrieb: »Hier ist es wunderschön, fast so schön wie in Oldenburg.«

Oldenburg. Residenzstadt, ehemaliges Großherzogtum, abgegrenzt von dem erzbischöflich regierten Osnabrück. Heute eingegliedert in das Bundesland Niedersachsen, aber immer noch von stolzer Eigenständigkeit geprägt. Oldenburger Bürger gingen bei einer Umfrage in 67 Großstädten als die zufriedensten hervor, das verpflichtet zur Pflege von Tradition bei gleichzeitiger Suche danach, was alles vielleicht noch besser zu machen ist.

Wo ich mich am liebsten aufhalte, das wechselt ständig in seiner Rangfolge. Das Oldenburger Land hat mehr zu bieten als Bauernland und Künstlerdorf am Jadebusen und in Jever wird nicht nur das berühmte Bier gebraut, sondern es gibt in der Geschichte eine hinreißende Schlossherrin, das Fräulein Marie, die schon im 16. Jahrhundert Frauenemanzipation vorlebte. Sogar kosmopolitisch ist das Oldenburger Land, das beweisen nicht nur die verwandtschaftlichen Beziehungen des Grafengeschlechts überall verzweigt in Europa. Wer im Süden Oldenburgs an Wegkreuzungen auf eine Kapelle oder ein Kreuz trifft, plötzlich eine Madonnenstatue vor sich hat, sollte sich nicht nach Bayern versetzt fühlen. Hier ist man katholisch, oldenburgisch und münsterländisch zugleich.

Als Kind erinnere ich mich vor allem an die Hunte, über die nicht weit von dem Haus, in dem ich meine ersten Lebensjahre verbrachte, eine Brücke in den Schlosspark führte. In den Wiesen gab es eine Badeanstalt, in die ich einmal ausgerissen sein muss. Der Bademeister brachte mich auf seinen Armen nach Hause und meiner Familie blieb so der Schreck erspart.

Wenn ich jetzt zurückkehre und durch die Straßen der Stadt streife, entdecke ich einen Lieblingsort nach dem anderen. Glückliche Oldenburger! Der Schluss der etwas pathetischen Hymne »Heil dir, o Oldenburg« lautet: »Führt ihn sein Wanderstab auch alle Länder durch, / du bleibst sein liebstes Land, mein Oldenburg.« (Am Ende wird natürlich »ch« gesprochen.) Das trifft ganz bestimmt auf meinen Onkel Kurt zu, der aus dem fernen Amerika jedes Jahr dorthin angereist kam. Vielleicht ja auch mal auf mich? Oder auf Sie?

Die abwechslungsreiche Geest-, Moor- und Marschlandschaft hat ihre Bevölkerung zu vielen Geschichten angeregt, zum Teil verankert in der Historie, zum Teil in Fantasien und Ängsten, aus heidnischen oder christlichen Elementen zusammengesetzt. Die Brüder Grimm haben die deutschen Volksmärchen gesammelt, auch in Oldenburg hat es verschiedene Sammlungen gegeben. Es ist das Verdienst von Hermann Lübbing, sie 1968 neu erzählt herausgegeben zu haben.

Das Personal dieser Sagen unterscheidet sich nicht von dem anderer Volksmärchen: mythologische Gestalten wie Riesen, Zwerge und Feen, Unholde wie Werwölfe, Kobolde und Klabautermänner, Verwandlungen von Menschen in Tiere und umgekehrt. Natürlich Geister von Verstorbenen oder himmlische Erscheinungen der Jungfrau Maria. Immer ist das irgendwo geschehen, verbunden mit einem konkreten Ort oder einer Landschaft und so eignet es sich auch bestens für dieses Buch, zwischendrin eingestreut. Ich habe diese Sagen frei und szenisch nacherzählt.

Auch Wünsche und Verbrechen spielen eine Rolle: Habsucht, Ehebruch, Mord, ausgeführt von Grafen und Junkern, von Bauern und ihren Frauen. Als Bestrafung droht das ewige Dasein als Wiedergänger, als Geist, der in Schlössern umgeht oder in Wäldern hockt. Die Frauen sind entweder Hexen oder gewitzte Mädchen, die sich durchsetzen können. Die Männer kluge Bauern oder Pastoren, die es mit dem Teufel aufnehmen müssen. Der Teufel wird immer wieder überlistet, das tröstet in den Geschichten, aber er wird eine sehr reale Bedrohung, spielt in dem geteilten Oldenburger Land (protestantischer Norden und katholischer Süden) eine große Rolle. Nicht nur die Landschaft, auch die Historie des Landes beeinflusst die Sagen über das Land. Im Butjadinger Land nahe der Nordsee sind es andere als im waldreichen Oldenburger Münsterland oder in der Ahlhoner Heide, wo die vorzeitlichen Steingräber die Fantasie der Menschen mit ihren eigenen Lebensthemen vermischten.

Ich möchte noch betonen, dass dieses Buch doppelt so dick hätte werden können, wenn ich alle wunderbaren Baudenkmäler, alle Kirchen, Schlösser, Gutshäuser und historischen Bauernhäuser berücksichtigen hätte können, alle Landschaftsschönheiten würdigen, alle

Ausflugsziele und Gaststätten, die gutes Essen anbieten. Und nicht zu vergessen das reiche Kulturleben in Stadt und Land. Einen Einblick in die Geschichte der Region gibt ein zweistündiger Film auf der Website des Schlossmuseums Jever.

Oldenburgische Landschaft
Gartenstraße 7
26122 Oldenburg
0441 779180
www.oldenburgische-landschaft.de
www.schlossmuseum.de

STADT OLDENBURG

1

Lange Straße und Herbartgang
Startpunkt Stadtbummel:
Leffers
Lange Straße 80
26122 Oldenburg
0441 92260
www.leffers.de

ZUR ERBSENSUPPE INS EINKAUFSZENTRUM

Lange Straße und Herbartgang

Oldenburg hat als eine der ersten Städte Europas die Innenstadt vom Verkehr befreit und ein Einkaufen zu Fuß ermöglicht. Wo früher nur Pferdewagen fuhren, dann Trolleybusse und Autos, herrscht jetzt Gedränge von einkaufswilligen Menschen, die sich bei Straßenvorstellungen amüsieren oder einfach nur in Straßencafés sitzen und den Vorbeischlendernden zugucken. Die Lange Straße durchquert die Stadt. Kaum möglich, dass Oldenburger einkaufen, ohne dort jemandem zu begegnen, den sie kennen.

Nichts Wichtigeres für das Jungvolk, als am Nachmittag dort entlangzuschlendern und nach Bekannten Ausschau zu halten. Für alle, die manchmal Langeweile haben oder nicht wissen, was sie gerade tun sollen, gibt es nichts Schöneres, als auf einer langen Straße einem möglichen Ereignis in die Arme zu laufen. Oldenburg hat davon viele. Zum Beispiel ist es ein Muss, am Samstag von der Langen Straße in die parallele Mottenstraße zu pilgern. An allen Ecken der Altstadt locken kleine Cafés und Lokale mit diversen Kuchen nach »Omas Rezepten«, Erbsensuppe oder Grünkohl. Den Grünkohl hat Oldenburg als Spezialität vereinnahmt, obwohl der im Winter in ganz Norddeutschland gegessen wird. Dazu werden entweder Kochwurst, Kassler oder Bauchspeck serviert, jedoch der Pinkel, eine geräucherte Grützwurst, nur im Oldenburger Land.

Die Lange Straße und die Mottenstraße verbindet am nördlichen Ende der Herbartgang, benannt nach dem dort geborenen Philosophen Johann Friedrich Herbart, der von 1776 bis 1841 lebte und ein bedeutender Pädagoge war, weshalb ein Gymnasium in Oldenburg nach ihm benannt wurde. Sein Geburtshaus ist abgerissen. Ich habe miterlebt, wie dieser Gang durch die Initiative meines Onkels Georg Hanßmann entstand, habe das letzte hübsche Bauernhaus bewundert, das leider von der sterilen Architektur der 70er-Jahre umschlossen wird.

Beim Modehaus *Leffers* zweigen Lange Straße und Achternstraße in spitzem Winkel ab. Ein guter Platz, um sich zum Stadtbummel zu verabreden.

2

Schlaues Haus
Schlossplatz 16
26122 Oldenburg
0441 99873398
www.schlaues-haus.de

Oldenburg-Info im Lappan
Lange Straße 3
26122 Oldenburg
0441 36161366
www.oldenburg-tourist.de

MILITÄRISCHER GLANZ

Spaziergang vom Schlauen Haus zu »meinem« Löwen

Ich gebe zu: Extra für den Löwen bin ich noch einmal ins Schlaue Haus gelaufen, damit ich erfahre, ob und wo er steht. Denn an ihn kann ich mich gut erinnern, er war mein »Kindheitswauwau« und stand vor der Alten Wache beim Schloss. So bezeugt es auch eine alte Ansichtskarte und ein Kalenderblatt. Nichts da, alles weg, dachte ich beim Wiederkommen. Aber nein, es gibt ihn noch, wie ich im Schlauen Haus erfuhr. Übrigens: Das Schlaue Haus zählt zu den ältesten in Oldenburg, man sieht es ihm aber nicht an. Vom Schloss aus kann man ahnen, dass es ein altes Gebäude ist, aber vom Wall her sieht man modernste Architektur. Der Löwe steht nach einiger Recherche jetzt stolz vor der Regierung, wie die Oldenburger ihr Landesbehördenzentrum nennen, genau vis-à-vis am Theodor-Tantzen-Platz. Sein Haupthaar ist ein wenig zerbröckelt, und ich stelle fest, dass er etwas grimmig aussieht.

Er scheint verbittert oder traurig über die Verluste im Ersten und Zweiten Weltkrieg zu sein, anklagend gegenüber der Regierung oder dem »Ministerium«, wie sie genannt wird, und umrahmt vom Landtag des Großherzogtums, von Polizei und Gewerbeaufsicht. Den Spruch von der »Heiligen Flamme fürs Vaterland« auf seinem Sockel will ich lieber nicht vollständig zitieren.

Dort, wohin er schaut, liegen hinter dem Landtag die Dobbenwiesen mit den Dobbenteichen, dem Kaiserteich und dem Wittschieberteich, einem stadtnahen Parkgelände.

Hier ist das Paradies der Fahrradfahrer, das sich durch die gesamte Stadt zieht. Das Auto lassen die Oldenburger in der Garage, wenn sie in die Stadt wollen, und schwingen sich auf den Drahtesel, der ihre Einkäufe nach Hause bringt. Oder sie fahren an jedem strahlenden Tag einfach aus Freude ins Grüne, das sich überall ausbreitet. Auf den Pflasterstraßen gibt es für die Räder extra ausgewiesene Spuren. Selten leer stehen die Bügel, an denen sich die Räder anschließen lassen.

Im Schlauen Haus gibt es außer Auskünften über die »Übermorgenstadt«, die alle Generationen umfasst, auch Veranstaltungen mit Blick aufs Schloss.

3

Schloss
Schlossplatz 1
26122 Oldenburg

Landesmuseum für Kunst und Kulturgeschichte Oldenburg
Damm 1
26135 Oldenburg
0441 40570400
www.landesmuseum-ol.de

IM MITTELPUNKT OLDENBURGS

Schloss

Das Renaissance-Schmuckstück im Norden Deutschlands, gelegen in einer fürstlichen Residenzstadt nicht weit von Kirche, Theater und – heftig umstritten – einem Einkaufszentrum, das seinen Namen trägt.

Erbaut wurde es unter Graf Anton Günther. Ab 1607 ließ er die wuchtige Wasserburg aus dem 12. Jahrhundert zu einem repräsentativen Renaissanceschloss umgestalten. Dabei blieb ein Teil der Fundamente und Außenmauern erhalten, aber ein neuer Turm und eine geschmückte Fassade veränderten das Bild. Sein einziger Sohn, der illegitime Anton von Aldenburg, durfte nicht erben, er bekam die Burg Kniphausen als Wohnsitz. Aufgrund der Erbfolge fiel das Land Oldenburg damals für über 100 Jahre an das dänische Königshaus.

Wer das Schloss Roskilde dort besucht, kann noch die Oldenburger und Delmenhorster Wappen besichtigen, die den Einflussbereich Dänemarks bezeugen. Das Schloss war in dieser Zeit Sitz der Verwaltung.

1773 erhielt das Haus Holstein-Gottorp das Erb- und Wohnrecht. Wieder gab es Umbauten und ab 1785 hatte Oldenburg einen Herzog, Peter Friedrich Ludwig, der bis 1829 regierte. Durch ihn kamen klassizistische Elemente dazu, vor allem die Innenausstattung. Aus den Herzögen von Oldenburg wurden Großherzöge und 1900 wurde der letzte Großherzog Friedrich August gekrönt, dafür existiert sogar ein Thronsaal, der für Audienzen genutzt wurde. Der schönste Saal für mich ist das Idyllenzimmer, so genannt, weil es den Idyllenzyklus enthält, den Johann Heinrich Wilhelm Tischbein, der berühmte Goethefreund, gemalt hat. Die Motive dafür hatte er schon zusammen mit Goethe in Rom entwickelt: zauberhafte nackte Mädchen, die schleierumweht mit Schmetterlingen oder Fantasiegeschöpfen vor einer Fels-, Fluss- oder Waldkulisse schweben.

Gegenüber steht die Alte Wache mit ihren vier vorgebauten Säulen, als einziges erhaltenes Gebäude derer, die einst einen Halbkreis um das Schloss bildeten.

4

Schloss
Schlossplatz 1
26122 Oldenburg

ETWAS LEBENDIGES

Schloss: Die Sage vom eingemauerten Kind

Die schönsten Pläne für das Schloss Oldenburg entwarf ein Baumeister aus Italien, den Graf Anton Günther engagiert hatte. Das Problem waren allerdings Sprachschwierigkeiten zwischen ihm und den Maurern. Wie sollte ein Italiener, der kaum Deutsch sprach, das Oldenburger Platt verstehen? Er hatte keine Erfahrung mit moorigem Baugrund, deshalb verschwand er, bevor die Grundmauern standen. Zum Glück blieben die Pläne. Die Maurer berieten sich. Es war kein gutes Vorzeichen, dass der Italiener sie im Stich gelassen hatte. Sie besannen sich auf den alten Brauch, dass etwas Lebendiges benötigt, was Bestand haben will.

Gegenüber am Weg sahen sie ein Kind spielen. Das lockten sie mit einem süßen Brei heran, stellten die duftende Speise auf einen Mauersims und hoben das Kind in die Kuhle, wo es das Breichen bequem erreichen konnte. Während es munter futterte und bevor es merkte, was los war, mauerten sie es ein, so dicht, dass kein Schrei zu hören war.

Aber die Mutter des Kindes fand heraus, was geschehen war. Und sie verfluchte das Schloss: Kein Kind, dort geboren, sollte jemals die Liebe einer Mutter kennen. Eine Weile wirkte der Fluch. Der Bauherr Graf Anton Günther und seine Frau Sophie blieben kinderlos. Nur die Geliebte bekam ein Kind, das später bei Erbauseinandersetzungen Schwierigkeiten hatte. Das Land wurde sogar über 100 Jahre lang dänisch, bis die Linie Holstein-Gottorp die Herrschaft übernahm. Noch immer wirkte der Fluch. Herzog Peters Söhne verloren die Mutter als ganz kleine Kinder. Zum Glück gab es noch entfernte Verwandte, sonst wäre das Grafengeschlecht ausgestorben. Doch als 1852 der Erbgroßherzog Nikolaus Friedrich Peter heiratete, hatte der Fluch seine Wirkung verloren, seine Frau Elisabeth bekam zwei Söhne, die Mutterliebe genießen durften.

Übrigens: Ich möchte nicht wissen, wie viele Hunde- und Katzengerippe sich in den Deichen entlang der Weser befinden! Nicht immer haben sie gegen eine Überflutung geholfen.

5
Schlossgarten Oldenburg
Gartenstraße 37
26122 Oldenburg
0441 9558957
www.schlossgarten-ol.de

WASSER, ROSEN UND KAKTEEN

Schlossgarten

Oldenburg verdankt dem Herzog Peter Friedrich Ludwig den schönsten Schmuck. Der passionierte Gartenliebhaber begann im Jahr 1803 den gepflegten Schlosspark anzulegen, und zwar gegenüber dem Schloss an einer alten Hunteabzweigung, die früher der Stadtbefestigung diente, der Mühlenhunte.

Von Anfang an war der Park für die Öffentlichkeit zugänglich. Gestaltet im Stil eines englischen Landschaftsgartens, gehört er aufgrund seiner zentralen und doch ruhigen Lage, seiner heimischen und seltenen Pflanzen und Bäume aus der ganzen Welt zu den bestgepflegten, die ich kenne. Man betritt ihn nicht weit vom Elisabeth-Anna-Palais, das Ende des 19. Jahrhunderts als Wohnhaus für die großherzogliche Familie gebaut wurde und das dem Park durch seine roten Mauern und grünen Türmchen, die über die Bäume blitzen, ein Flair von Süden gibt. Heute ist darin das Sozialgericht, wie überhaupt der Park sich am Gerichtsviertel der Beamtenstadt Oldenburg entlangzieht. In den Teichen schwimmen Nilgänse neben Enten durch die sich spiegelnden Baumkronen.

Zur Rhododendronblüte schwimmt der Park in Farbe. Der älteste Busch, der jedes Frühjahr immer noch üppig blüht, ist 185 Jahre alt. Er wurde verpflanzt, weil seine Wurzeln ihn ins Wasser zogen. Man kann auf den weiten Wiesen lagern, auf denen sich beeindruckende Bäume als Solitäre zur Schau stellen. Dort stehen Mammutbäume von 125 Jahren neben solchen, die erst 25 sind, aber ebenso groß. Bäume sind wie Menschen irgendwann ausgewachsen. Im Rosengarten laden Stühle zum Ruhen ein und man kann die vielen Arten, Farben und Düfte genießen. Im Winter geht es zum Aufwärmen ins Palmenhaus oder zu den Kakteen.

Dort blühen eine Königin der Nacht, Feigenkakteen und uralte Sonderlinge, auf deren Alter die Aufsicht gern hinweist. Hier beginne ich, Kakteenfreundin zu werden.

Im zierlichen Teepavillon, der sich an das Kakteenhaus anschließt, soll eine gute Akustik herrschen. Gelegentlich gibt es dort Konzerte und Lesungen.

6

St.-Lamberti-Kirche
Markt 17
26122 Oldenburg
0441 3901180
www.kirchengemeinde-oldenburg.de

RÖMISCHES FLAIR

St.-Lamberti-Kirche

Oldenburgs Hauptkirche gehört zu den Gebäuden, die ihre Geschichte vor Augen bringen. Sie vereint wie viele Kirchen unterschiedliche Stilelemente. Geheimnisvolle Gotik, deren Spiritualität sich mit den Linien der Aufklärung und Rationalität vermischt. Der heilige Lambertus, Bischof von Maastricht, wurde als Märtyrer verehrt, nachdem er einer Intrige adeliger Verwandter zum Opfer fiel. Er verabscheute das Töten, wehrte sich nicht und starb hingemeuchelt im Gebet. Als im 12. Jahrhundert die Kirche gegründet wurde, erhielt sie ihren Namen von den Oldenburger Grafen. Stiftsherren taten Dienst in der gotischen Kirche. An mindestens 20 Altären wurde täglich die Messe gelesen. Nach der Reformation wurden deutsche Lieder gesungen und auf Deutsch gepredigt, so wie die Grafen wurde das Volk protestantisch und löste sich von der Hierarchie des Bremer Erzbischofs.

Die evangelisch-lutherische Landeskirche, die sich bildete, schafft bis heute noch oldenburgische Identität durch ihre Selbstständigkeit innerhalb Niedersachsens.

Diese Kirche ist für mich die Großmutterkirche, weil sie mich dorthin mitnahm und als Pastorenwitwe dort von vielen gegrüßt wurde – ich habe das Gebäude als düster in Erinnerung. Deshalb war ich erstaunt, als ich es nach der letzten Renovierung, die 2009 abgeschlossen wurde, wieder betrat. Von außen rot und neugotisch geprägt, mit einem Hauptturm und vier Ecktürmen, hat es innen einen ganz anderen Charakter: eine Rotunde nach dem Vorbild des Pantheons in Rom, hell und klassizistisch, so wie der beliebte Oldenburger Herzog Peter Friedrich Ludwig sie nach seinen Ideen 1795 planen ließ. Eher ein Theater als eine Kirche und dennoch würdig. In ihrer Schlichtheit verweist sie den Menschen auf sich und lenkt die Gedanken nach innen. Die Pracht besteht nur in der klaren Gestaltung.

Die Grabstätten von Graf Anton Günther und seiner Gemahlin Sophia Caterina befinden sich an historischer Stelle im mehrfach umgestalteten Vorraum.

7

Alt-Oldenburg
Startpunkt Spaziergang:
Lappan
Lange Straße, zwischen
Elisenstraße und
Heiligengeistwall
26122 Oldenburg
www.alt-oldenburg.de

LAPPAN, DEGODEHAUS UND PULVERTURM

Spaziergang durch Alt-Oldenburg

In der Einkaufscity von Oldenburg gibt es zwei Gebäude, vor denen ich sehr gern stehe, weil sie ein Stück altes Oldenburg verkörpern: zum einen der Lappan genannte Turm in der Langen Straße zu Beginn des Einkaufszentrums, eine der zentralen Umstiegsstationen für die Stadtbusse und Wahrzeichen der Stadt; zum anderen das Degodehaus, eines der erhaltenen Fachwerkhäuser am Markt. Für Kinder würde natürlich auch der Pulverturm dazugehören und tatsächlich, wenn ich vor ihm stehe, beeindruckt mich seine runde, festgemauerte Burgform auch, aber er kann doch für mich seiner kriegerischen Bedeutung wegen kein Lieblingsplatz sein.

Anders das nahe Degodehaus. Es ist das letzte mit Resten aus dem Mittelalter erhaltene Haus Oldenburgs, schon 1502 erbaut. Seine jetzige Gestalt aber bekam es durch einen Umbau des Grafen Anton Günther im Jahr 1617. Der Graf schenkte es einem treuen Gefolgsmann zur Hochzeit, es war geradezu globalisiert, denn auf der bemalten Holzdecke sind alle Erdteile abgebildet, mit einer Ausnahme: Australien war damals noch nicht entdeckt. Die nächsten Jahrhunderte überlebte es als ehrwürdiges Kaufmannshaus, dann erwarb es Wilhelm Degode aus Jever. Seitdem heißt es Degodehaus.

Der Lappan, ein Ausdruck für Anbauten, hat eine wechselhafte Geschichte. Er ist der Rest eines Spitals, wo er als Glockenturm der Kapelle gebaut wurde. Die Kapelle brannte ab, ebenfalls die übrigen Gebäude, aber der Turm blieb stehen und bekam später eine wunderschön leuchtende kupferne Spitze. Er war zwischenzeitlich sogar einmal eine Gaststätte, sollte zweimal abgebrochen werden, was im Jahr 1800 der Herzog verhinderte, 1853 dann die Bevölkerung, die ihren Lappan liebte. Zu Beginn des 20. Jahrhunderts wurde er restauriert und das Zuhause einer Kunsthandlung, die Künstler der »Brücke« dort ausstellte. Inzwischen beherbergt er ein Reisebüro.

Den Pulverturm in seiner ursprünglichen Bestimmung haben die Dänen genutzt: Von 1730 bis 1765 lagerten sie in dem Rest der alten Stadtbefestigung ihr Pulver.

8

Augusteum
Galerie Alte Meister
Elisabethstraße 1
26135 Oldenburg
0441 40570400
www.landesmuseum-ol.de

GROSSE KUNST AUF ÜBERSCHAUBAREM RAUM

Augusteum

Italien in Oldenburg. Ob Renaissance oder Klassizismus, viele Gebäude erinnern daran. Das Augusteum liegt an der Mühlenhunte, nicht weit vom Schloss. Es wurde zwar erst 1856–67 erbaut, aber im Palaststil der Renaissance. Der damalige Großherzog Nikolaus Friedrich Peter, neben seinem Großvater Herzog Peter Friedrich Ludwig einer der großen Gestalter Oldenburgs, hat es seinem Vater August gewidmet, der kurz vorher verstorben war. Das erste Kunstmuseum Oldenburgs beherbergt Teile der ehemaligen großherzoglichen Sammlung, europäische Malerei des 15. bis 18. Jahrhunderts. Die Namen der Maler sind klangvoll, zumindest für interessierte Laien. Grundstock bildete die Sammlung, die Peter Friedrich Ludwig 1804 von Johann Heinrich Wilhelm Tischbein erwarb, der Hofmaler in Oldenburg war und von Reisen nach Italien zurück in Norddeutschland. Bilder von Tischbein selbst schmücken noch heute das Schloss und reichen das italienische Flair der Außenfassade nach innen. Andere Gemälde stammen aus dem Erwerb der Nachfolger Peter Friedrich Ludwigs. Besonders aus dem holländischen Norden gibt es wunderbare Landschaften, die Küsten, Deiche und Dörfer darstellen.

Als der letzte Großherzog Friedrich nach dem Ersten Weltkrieg abdanken musste, verkaufte der junge Freistaat Oldenburg viele Bilder, aber schon 1920 erwarb er sie zurück – durch kunstsinnige Oldenburger Bürger angeregt. Einige der damaligen Verluste lassen sich in Museen wie in Amsterdam bewundern.

Wiederhergestellt wurde auch das von Christian Griepenkerl ausgemalte Treppenhaus mit der Prometheussage. Dieser Mythos, in dem das Feuer einen Zivilisationsschub auslöst, passt gut zur »Übermorgenstadt Oldenburg«, wie sie sich heute gern nennt. Und zwar mit allen Zusätzen: gut für ältere Menschen, junge Familien, Studenten und Kleinkinder, Schulkinder, Pfadfinder – und viele andere.

Gegenüber dem Augusteum ist ein Bootsverleih. Auf der Mühlenhunte, vorbei am Gerichtsviertel, kann man die Elisabethstraße hochrudern oder -treten.

9

Prinzenpalais
Galerie Neue Meister
Am Damm 1
26135 Oldenburg
0441 40570400
www.landesmuseum-ol.de

Kunst der Moderne in edlem Ambiente

Prinzenpalais

Ein repräsentatives Haus für Kunst und eine rührende Geschichte. Von weit her kamen die verwaisten Prinzen, für die das Haus erbaut wurde, aus Russland. Ihre Mutter war eine Zarentochter, die mit dem jüngeren Sohn von Herzog Friedrich Ludwig verheiratet war. Nach dem Tod beider Eltern wurden die Brüder, zehn und acht Jahre alt, zu ihrem Großvater nach Oldenburg geschickt. Fast zehn Jahre lebten die »russischen Prinzen« dort, bis zum Tod des Großvaters und des älteren Bruders, die beide im Jahr 1829 verstarben.

Natürlich hatten sie standesgemäß leben sollen und so war im Auftrag des Herzogs ein eigenes Palais für sie erbaut worden, gegenüber dem Schloss gelegen. Ihre Oldenburger Zeit wurde unterbrochen von Besuchen in der württembergischen Heimat ihrer schon 1785 verstorbenen Großmutter, wo sie am Hof Wilhelm von Württembergs reiten lernten. 1826 konnten sie in Oldenburg das Palais beziehen. Dort hatten sie Privatunterricht, dessen Ergebnisse sie dem Großvater zeigen mussten, außerdem gehörten sie zu dem Kreis von Personen, die bei Goethe vorgelassen wurden: Er nannte sie eine »liebliche, erfreuliche Gesellschaft«.

Ein anderer Enkel von Herzog Peter, der Großherzog Nikolaus Friedrich Peter übernahm 1853 die Regentschaft. Mit 26 war er noch jung und Oldenburg sollte 47 Jahre lang von ihm regiert werden. Er lud den Überlebenden der »russischen Prinzen« nach Oldenburg zu seiner Silberhochzeit ein. Inzwischen wohnte er im Palais, widmete sich seinen Aufgaben und seiner Kunstsammlung, auch als Mäzen von Oldenburger Künstlern. Die bedeutenden von ihnen haben ihre Werke jetzt dort hängen, von der Romantik bis zur Nachkriegszeit zusammen mit wichtigen Malern der Moderne des 20. Jahrhunderts. Ein ganzer Saal ist Franz Radziwill gewidmet.

Jedes Jahr finden thematisch orientierte Kunstausstellungen statt, von der kunstinteressierten Bevölkerung ebenso gern besucht wie von Touristen.

10

Landesmuseum Natur und Mensch
Damm 38–46
26135 Oldenburg
0441 40570300
www.NaturundMensch.de

Wie leben entstand und weitergeht

Landesmuseum Natur und Mensch

Das große Museum am Damm war als Kind mein Lieblingsmuseum und ist es beim Wiedersehen immer noch. Bereits 1836 gegründet, in einer Zeit, als die Faszination für naturkundliche Forschung begann, wurde es 1880 eingeweiht und umfangreich vergrößert. Die Sphingen, die zu beiden Seiten der Eingangstreppen thronen, laden Kinder ein, auf ihnen zu reiten. Die Neugier auf die Welt, auf die Entstehung der Erde, auf die Erforschung von Vergangenheit, Naturgeschichte, Archäologie und Völkerkunde hört ja zum Glück nie auf.

Das Museum entführt in die Geografie von Moor, Geest und Marsch. Seine Intention ist es, die Wechselbeziehung zwischen Mensch und Natur deutlich zu machen. Im Untergeschoss befindet sich das Aquarium, das den Verlauf der Hunte dokumentiert, die Fisch- und Pflanzenwelt von der Quelle bis zur Mündung, den allmählichen Wechsel vom Süßwasser zum salzigen Meerwasser. Welche Bedeutung Begradigungen, Brückenbauten und Fischtreppen für die Bevölkerung hatten. Die großen Fluten, die vor allem die Wesermarschen zerstörten und gleichzeitig mit besonders fruchtbarem Boden segneten – an sie wird im Museum erinnert. Ich weiß noch, wie 1962 auf einer Klassenfeier eine Überflutung in der Nähe uns alle erschreckte und vorzeitig nach Hause trieb. Auch die Geest, die Altmoränenlandschaft der Weser-Ems-Region, die ich auf vielen Wanderungen durchquerte, interessiert mich durch ihre vorgeschichtlichen Steinsetzungen, die das Museum in Modellen und Computerschauen nahebringt.

Vielleicht das Spannendste ist das Moor, ein Boden, der besonders gut konserviert. Es gibt nur noch wenige Moore in Norddeutschland, im Oldenburger Land finden sich die größten Flächen. Vor den den Moorleichen bleibt jeder beeindruckt stehen und wird nachdenklich, weil Gesichtszüge und Haare eines jahrtausendealten Moormädchens noch zu erkennen sind.

Ich freue mich schon, mit meinem kleinen Enkel durch das Naturalienkabinett zu gehen, das ausgestorbene Tiere aus allen Erdteilen in Vitrinen konserviert.

11

Ols Brauhaus am Hafen
Stau 34
26122 Oldenburg
0441 26189
www.ols-brauhaus.de

Heini am Stau
Stau 142
26122 Oldenburg
0441 34010975
www.heini-am-stau.de

FEIERN UND AUSRUHEN AM HAFEN

Ols Brauhaus am Hafen

Am Ende der Kaiserstraße liegt das Restaurant *Ols Brauhaus am Hafen*, ein beliebter Treffpunkt bei alten und jungen Oldenburgern. Passend befindet es sich am Hafen, der dem Fluss Hunte eine wirtschaftliche Bedeutung gibt, denn ab hier ist er bis zur Mündung in die Weser schiffbar. Bei schönem Wetter machen die Leute in aller Stille ihre Mittagspause am Kai. Der Verkehr brandet ein Stück weg und geschäftigen Lärm gibt es an diesem Huntebecken nicht. Früher herrschte in der nahen Schiffswerft Betrieb, heute nicht mehr. Futtermittel, Dünger, Baustoffe und Getreide, gelagert in einem großen Silo, wurden hier umgeschlagen. Als der Hafen zu klein wurde, legte man weiter unten einen Osthafen an und nun ist die Hafengegend an der Hunte attraktiv für Freizeitaktionen und zum Relaxen. Oldenburg leistet sich ein jährliches Hafenfest, die Hafenlust mit einem Unterhaltungsprogramm, das sich an entsprechenden Ereignissen in den großen benachbarten Hafenstädten wie Bremen oder Hamburg ein Beispiel nimmt.

Das Gebäude von *Ols Brauhaus am Hafen*, 1885 gebaut und heute als Beispiel klassischer Bauweise denkmalgeschützt, trotzte einem geplanten Abriss und wurde 1990 erfolgreich saniert. Nun nutzt man es als Restaurant, Café und Biergarten. Innen großzügig holzverkleidet, außen mit Wintergarten und Freiluftzone direkt an Kaimauer und Promenade. Und alles direkt in Reichweite der Innenstadt. Ich sitze gern draußen, genieße den Ausblick auf Stadt und Wasser.

An den Ufern der Hunte hatten sich Künstlerwerkstätten angesiedelt, aber auch sie mussten der neuen Bebauung weichen. Es gab eine Werkstatt für den Bau von Cembali, Barockinstrumenten, bei deren Anblick und Tönen ich ins Schwärmen geriet.

Am Anfang das *Ols-Brauhaus*, am Ende *Heini am Stau*, ebenfalls ein Restaurant. Diesmal am Industriehafen, aber auch mit Terrasse und Blick über das Wasser.

12

Horst-Janssen-Museum
Am Stadtmuseum 4–8
26121 Oldenburg
0441 2352891
www.horst-janssen-museum.de

Eine Welle im Stadtbild

Horst-Janssen-Museum

Einer der prominenten Bürger Oldenburgs ist in Hamburg geboren und hat dort auch den größten Teil seines Lebens verbracht. Aber seine Mutter war Oldenburgerin und er hat als Kind hier gelebt. Zeit seines Lebens bleib er dieser Stadt durch Erinnerungen und Ausstellungen verbunden und liegt auf dem Gertrudenfriedhof neben seiner Mutter begraben. So hat die Stadt Oldenburg das Tauziehen, wem er denn gehöre, gegen Hamburg gewonnen. Dort fühlte er sich nicht genug anerkannt. Es gibt ein Kabinett in der Kunsthalle, das seine Bilder zeigt, aber in Oldenburg gleich ein nach ihm benanntes Museum.

Der Großvater war Schneider in der Lerchenstraße. Längst war seine Mutter, ebenfalls Schneiderin, zurück aus Hamburg, wo sie ihn 1929 inkognito geboren hatte. Bis zum Tod des Großvaters 1939 verbrachte er eine glückliche Kindheit. Die Mutter starb 1943, während Horst Janssen als Halbwaise in einer Nationalpolitischen Lehranstalt im Emsland erzogen wurde. Dann adoptierte ihn seine Tante Anna in Hamburg und es gab eine längere Oldenburg-Pause, bis er durch seine Ausstellungen als Ehrenbürger Fuß fasste. Eine berühmte Grafik zeigt ihn als Schuljungen mit einem Zeichenheft vor einem typischen Oldenburger Haus, einer sogenannten Hundehütte.

Das Museum entstand durch ein Tauziehen. Das Hamburger Sammlerehepaar Vogel wünschte ein eigenes Museum für seine gesamte Grafiksammlung. Hamburg wollte nicht, Oldenburg hatte kein Geld. Aber der Horst-Janssen-Teil wurde dann doch unter großer Anstrengung aufgekauft und das Museum in einem spektakulären wellenförmigen Anbau an das Stadtmuseum angegliedert. Von weitem schwingt sich das Gebäude mit dem Gesicht Janssens durch das Stadtbild. Ausstellungen des Janssenschen Werks werden verknüpft mit Grafiken aus aller Welt.

Als geborene Oldenburgerin, aber in Hamburg lebend, bin ich stolz auf das Museum des in Hamburg geborenen Malers, der Oldenburg ebenso liebte!

13

Eine Gertrudenlinde steht heute noch an der nach ihr benannten St. Gertrudenkapelle

St. Gertrudenkapelle
Gabelung Alexanderstraße/Nadorster Straße
26121 Oldenburg
www.kirchengemeinde-oldenburg.de

SCHÖNE MÄDCHEN LEBEN GEFÄHRLICH

St. Gertrudenkapelle: Die Gertrudssage

Was hatte Gertrud verbrochen? Ihren Liebsten ermordet, weil er sie verlassen hatte? Ihrem neugeborenen Kind den Hals zugedrückt? Nur die silbernen Löffel ihrer Dienstherrin gestohlen? All das hat sie gestanden, als man sie aufs Streckbett legen wollte. »Unversehrt soll mein Leib sein am Tage der Auferstehung«, rief sie und sagte aus, bevor der Henker die Seile anziehen konnte. Alles gab sie zu, was die Richter wissen wollten. Doch es bewahrte sie nicht vor der Hinrichtung.

Ganz Oldenburg bedauerte das schöne Mädchen und geleitete sie auf ihrem letzten Gang zum Verbrennungsplatz, viele Menschen mit Tränen in den Augen. Besonders ihre Dienstherrin weinte laut, sie konnte nicht verstehen, dass die liebe Kleine, die ihr immer so treu ergeben gewesen war, etwas gestohlen hatte. Der junge Mann neben ihr dagegen schaute hochmütig und grimmig zu dem Mädchen, tat so, als wüsste er nicht, dass er es gewesen war, der die Löffel in ihre Kammer gelegt hatte. Er konnte nicht vergessen, wie sie ihn abgelehnt, sich gegen ihn gewehrt hatte.

Die schöne Gertrud lief im groben Sackhemd und barfuß hinter dem Henker her, setzte ohne zu zögern ihre zierlichen Füße voreinander, gefolgt von den Priestern und Richtern, die ihr den Prozess gemacht hatten. Weder der weinenden Frau noch dem jungen Mann neben ihr gewährte sie die Genugtuung eines letzten Blickes. Plötzlich bückte sie sich und hob einen dürren Zweig auf. »Sie sammelt das Holz für ihren Scheiterhaufen«, spottete die Menge. Aber Gertrud stieß den Zweig in die Erde und rief ganz laut: »Falls ich unschuldig verurteilt wurde, wird es euch dieser Zweig beweisen. Schon im nächsten Frühjahr wird er Wurzeln schlagen und Blätter treiben.« Der Lindenbaum, aus dem der Zweig wuchs, wurde viele hundert Jahre älter als alle Leute, die sie hatten brennen sehen. Und weil die Sage so schön ist, wird immer ein neuer Baum gepflanzt werden.

14

Stadtmuseum Oldenburg
Am Stadtmuseum 4–8
26121 Oldenburg
0441 2352881
www.stadtmuseum-
oldenburg.de

WIE IN GROSSVATERS ZEIT

Stadtmuseum

Als ich, vom Horst-Janssen-Museum kommend, das erste Mal die Räume des Stadtmuseum betrat, befand ich mich unvermutet an einem der schönsten Lieblingsplätze von allen! Ich schritt in ein anderes Jahrhundert, immer weiter in die Vergangenheit. Drei Villen sind nacheinander baulich verbunden und während die letzte vor allem für die Stadtgeschichte interessant ist, führen die beiden ersten in die Urgroßväterzeit. Reiche Oldenburger Bürger haben sie errichtet.

Zwei der Villen, die man zuerst betritt, gehörten Theodor Francksen, der sie 1914 der Stadt vermachte. Ein Teil der Räume ist so erhalten geblieben, wie er sie hinterlassen hat. Dort sind seine private Kunst- und Geschichtssammlung zusammen mit passenden Neuerwerbungen ausgestellt. Das erste Gebäude, 1877 errichtet, die Francksen-Villa, betritt man durch die Graf-Anton-Günther-Halle, dessen Porträt erkennt jeder Oldenburg-Bewohner oder nach kurzer Zeit auch die Besucher. Es folgen eine Anzahl Salons, alle mit erlesenen Möbeln und Bildern geschmückt. In Oldenburg arbeitende Künstler wie Johann Heinrich Wilhelm Tischbein, Ludwig Philipp Strack und Ernst Willers sind mit Gemälden vertreten, vor allem im Treppenhausbereich. Im Obergeschoss, in den ehemaligen privaten Räumen, ist die Antikensammlung von Francksen untergebracht, über 100 Vasen und Terrakotten vom 7. Jahrhundert vor bis zum 3. Jahrhundert nach Christus. Im Jugendstil-Arbeitszimmer finde ich mich wieder: im gemalten Golf von Neapel mit der Sehnsucht nach Italien. Und bei den abgebildeten Franckschen Erbhöfen der Wesermarsch, wo einst mein Vorfahre im 17. Jahrhundert nach Elsfleth einwanderte. Die Liebe zur Oldenburger Heimat hat den jungen tuberkulosekranken Theodor Francksen – er starb 1914 mit 39 Jahren kinderlos – sein Leben lang geprägt.

1908 konnte er noch das Nebenhaus, die Jürgen'sche Villa, dazuerwerben, hier gibt es ein Ammerländer Zimmer ebenso zu bewundern wie ein Fürstenzimmer, ein Biedermeierzimmer und sogar ein Kinderzimmer, in dem historisches Spielzeug gezeigt wird. Bibliothek, Musikzimmer, alles so, dass ein historienverliebter Mensch gleich einziehen möchte. Leider sind die Gemälde von Malern der Brücke nicht erhalten, sondern als »entartet« in der Nazizeit vernichtet worden.

Etwas erstaunt der Begriff »Villa« bei der Jürgen'schen Villa, die von außen eher schlicht wirkt. Sie hat Ähnlichkeit mit der Struktur vieler Oldenburger Häuser aus dem 19. Jahrhundert, die von den Bürgern liebevoll-abwertend »Hundehütten« genannt werden: Giebelhäuser, selten mit mehr als einem Stockwerk. Aber das Understatement wirkt nordisch-sympathisch – für reiche Bürger und reiche Bauern, die einen Großteil der Bewohner bildeten, immer eine gute Haltung.

Die Stadt Oldenburg erbte 1964 eine weitere Villa, die mit einem Übergangsbau in das Museum einbezogen wurde. Es gehörte einem Ehrenbürger der Stadt, dem Maler Bernhard Winter. Außer Porträtist des Oldenburger Bürgertums war Bernhard Winter ebenfalls Sammler, vor allem bäuerlicher Volkskunst. Der Malermeistersohn hatte in beste Oldenburger Kreise hineingeheiratet, die Tochter Martha des Landtagsvizepräsidenten Wilhelm Schröder. Ob es am Ort lag, dass diese Ehe kinderlos blieb, ebenso wie Francksen? So kam es, dass jetzt die Stadt die drei Villen besitzt.

Im Obergeschoss der Ballin'schen Villa, wie die letzte heißt, wird es für den Oldenburg-Liebhaber interessant. Topografische Modelle stellen verschiedene Zeiten dar, das erste von 800 zeigt eine Siedlung am Zusammenfluss von Hunte und Haaren. Die Geschichte des Oldenburger Grafenhauses wird gut dokumentiert. Besonders beeindruckt steht der Besucher vor dem Bild des »Kranich«, Graf Anton Günthers Lieblingspferd, das mit seinem überlangen weißen Schweif ein Symbol war für die kluge Politik des Grafen, der Oldenburg vor den Wirren des Dreißigjährigen Krieges schützen konnte. In dieser glücklichen Tradition stehend, blieb Oldenburg auch im Zweiten Weltkrieg von einem Bombenteppich verschont und ich kann mich, von einigen trostlosen Siebzigerjahrebauten abgesehen, am Stadtbild meiner Kindheit weiter erfreuen.

Überschaubare und liebevoll gepflegte Heimatmuseen gibt es im ganzen Land, ob im Schloss von Jever oder im ehemaligen Landgericht von Neustadtgödens.

15

Pferdemarkt
Pferdemarkt
26121 Oldenburg

Landesbibliothek Oldenburg
Pferdemarkt 15
26121 Oldenburg
0441 5050180
www.lb-oldenburg.de

EHEVERSPRECHEN IN MILITÄRKASERNEN

Pferdemarkt

Als Kind war der nahe Pferdemarkt ein Orientierungspunkt für mich. Über ihn musste man laufen, wenn man von uns aus zum Gertrudenfriedhof wollte, wohin ich meine Großmutter oft begleitet habe. Früher wurde hier mit Pferden gehandelt und es fanden Militäraufmärsche statt. Heute befindet sich an dieser Stelle eine große Verkehrskreuzung.

Weil um die Straßen großzügig Platz gelassen wurde, sieht man die Gebäude, die zum Teil sehr imposant wirken, schon aus der Ferne. Wie die Landesbibliothek, die alles zur Geschichte archiviert und in Ausstellungen präsentiert. Auch das Neue Rathaus mit dem Bürgerbüro, das etwas zierlichere Standesamt und weiter hinten die schöne Exerzierhalle, langgezogen aus dunkelroten Ziegeln gebaut, lange Zeit ein Teppichlager. Heute probt und spielt dort das Oldenburgische Staatstheater. Dieses Gebäude vermittelt noch eine Vorstellung von militärischer Zucht und Pracht. Die meisten der Bauten rund um den Platz wurden in der Vergangenheit militärisch genutzt. Oldenburg hatte eine bedeutende Rolle als Militärgarnison, war die zweitgrößte Garnisonsstadt der Bundesrepublik. Auf dem Pferdemarkt wurden vor dem Ersten Weltkrieg Paraden und Militärkonzerte gespielt und die Rekruten ausgebildet.

Seit Ende des 19. Jahrhunderts wurde der Kramermarkt dort abgehalten, mit Schmalzbuden und Karussells einer der größten Vergnügungstreffpunkte in Nordwestdeutschland. 1963 verlegten ihn die Stadtväter auf den Platz an der Weser-Ems-Halle, weil es zu eng wurde. Danach wurde aus dem Pferdemarkt der Verkehrsknotenpunkt von heute. Ein Wochenmarkt wird immer noch dort abgehalten, einer der Treffpunkte, bei denen Oldenburger immer Bekannten über den Weg laufen. Bei Fußballspielen ist es ein beliebter Platz für »Public Viewing«. Das einzige, was mich stört, ist der Verkehr, denn hier verzweigt sich Oldenburg in alle Richtungen.

Eines der intimsten Gebäude am Platz ist das Standesamt. 1837 als Militärschule von Heinrich Strack d.Ä. erbaut. Ein Lieblingsplatz zum Heiraten!

16

Kulturzentrum PFL – Peter-Friedrich-Ludwig-Hospital
Peterstraße 3
26121 Oldenburg
0441 2353061
www.oldenburg.de/pfl

Theater Laboratorium
Kleine Straße 8
26121 Oldenburg
0441 16464
www.theater-laboratorium.org

Vom Krankenhaus zum Kulturzentrum

PFL – Peter-Friedrich-Ludwig-Hospital

Ein Mehrzweckgebäude, von innen weniger überzeugend als von außen. Eines der schönsten Gebäude Oldenburgs. Fast synonym mit Oldenburg, überall auf Fotos gezeigt. Ein weißes, lang gestrecktes Haus, repräsentativ wie ein Palast. Der Baumeister Heinrich Strack war inspiriert vom dänischen Baumeister Hansen, dieser wiederum von Palladio. Gewidmet den Kranken, war es bei seiner Eröffnung 1841 das modernste Krankenhaus im deutschsprachigen Raum – Deutschland gab es ja noch nicht. 22 Zimmer mit 136 Betten. In einem davon muss ich geboren worden sein. Solange ich als kleines Kind in der Peterstraße wohnte, bin ich täglich daran vorbei marschiert.

Das PFL, wie es sich nennt, ist seit Mitte der 80er-Jahre Kulturzentrum der Stadt. Es beherbergt eine Bibliothek, verschiedene Räume für Volkshochschulkurse, Kulturvereine und Veranstaltungen. Ein Erzählcafé lädt die Bevölkerung ein. Die »Übermorgenstadt für ältere Menschen« wirbt ebenso für Kinder, für Wissbegierige oder »Genauwissenwoller«, wie die Oldenburg-Werbung nicht immer sprachlich überzeugend annonciert. Von der Nutzung des Gebäudes zeugen die in Oldenburg allgegenwärtigen Fahrräder, die davorstehen. Ein bürgernahes Kulturzentrum.

Überhaupt Kultur. Großgeschrieben in Oldenburg. Anspruchsvolles, Experimentelles, Hochkultur bietet das Staatstheater Oldenburg. Hochgelobte Inszenierungen in den großen Feuilletons können den Oldenburgern das Gefühl vermitteln, ganz nah am Puls der Zeit zu sein. Bezaubernd auch das Figurentheater im Theater Laboratorium, das sich stolz »schönstes Theater der Welt« nennt. Barbara Schmidt-Lenders und Pavel Müller-Lück haben das Privattheater in die ehemalige Turnhalle des Oldenburger Turnvereins verlegt, wunderschön saniert und im Restaurant mit historischen Einrichtungsgegenständen ausgestattet.

Außerdem gibt es das Wilhelm13, das sich Musik- und Literaturhaus Oldenburg nennt, sowie andere auch Kindern und Jugendlichen gewidmete Spielstätten.

17

Der **Hörgarten** befindet sich direkt neben dem **Haus des Hörens**
Marie-Curie-Straße 2
26129 Oldenburg
0441 2172200
www.hoertech.de
www.hausdeshoerens-oldenburg.de

AUF DEM HÖRTHRON DER WISSENSCHAFT

Hörgarten Oldenburg

Oldenburg war in der Vergangenheit eine Residenzstadt mit großer Militär- und Beamtenpräsenz. Das änderte sich mit der Gründung der Carl von Ossietzky Universität 1973, benannt nach dem in Oldenburg geborenen und von den Nationalsozialisten ermordeten pazifistischen Journalisten, die Oldenburg im Jahr 2009 den Titel »Stadt der Wissenschaft« bescherte. Vor allem auf dem Gebiet des Hörens wird exzellent geforscht, auch in medizinischer Zusammenarbeit mit der Partnerstadt Groningen in den Niederlanden. Berühmt ist das Zentrum im Haus des Hörens mit seinem einzigartigen Garten.

Ich gebe zu, dass ich technische Errungenschaften zwar nutze, aber von ihren Funktionen wenig verstehe. Wie kommt es also, dass der Sitz auf einem »Hörthron« zu meinen Lieblingsplätzen zählt? Im neuen Technologiezentrum nördlich der Uni am Rand Oldenburgs steht ein merkwürdiges Metallgebilde mit zwei riesigen Trichtern mit jeweils einem Meter Durchmesser. Zwischen dem Gestänge gibt es eine Sitzgelegenheit, den Hörthron. Wer dort Platz nimmt, hat zwei Röhren zu beiden Seiten seiner Ohren und die sind mit den Trichtern verbunden. Damit ist es möglich, weit entfernte Geräusche genau zu orten und anzupeilen, woher sie kommen. Aber damit nicht genug. Hinter dem Institutsgebäude führt der Weg in den Hörgarten. Es gibt Pflanzen, Wasser und immer wieder eigentümliche Plastiken: eine Windharfe, ein Flüsterspiegel, eine akustische Kanone und andere Instrumente, alle zum Experimentieren für die Besucher und gut erläutert. Auch Wissenschaft kann verzaubern!

Das Hörzentrum, das 1996 von Universität und Evangelischem Krankenhaus eingerichtet wurde, ist mehrfach ausgezeichnet und einmalig für die Zusammenarbeit aller Wissenschaftsgebiete, die etwas mit dem Hören zu tun haben. Sollte ich jemals Probleme mit meinen Ohren haben, werde ich mich dort wieder einfinden.

Die Studenten der Universität sorgen für junges Volk in der Stadt und manche entdecken Oldenburg als lebenswerte neue Heimat und bleiben dort mit Familie.

18

Bümmersteder Krug
Sandkruger Straße 180
26133 Oldenburg
0441 42615
www.buemmersteder-krug.de

Speisen im Bauernhaus

Bümmersteder Krug

Seit über 120 Jahren ist das frühere Bauernhaus ein Gasthaus im Familienbetrieb, eine Institution im Süden von Oldenburg, nicht weit von der Stadtgrenze. Es liegt zurückgesetzt an der Durchgangsstraße, eine große Anlage mit repräsentativ reetgedecktem Haupthaus. Sehr beliebt für Familienfeiern und auch ich habe bei der ein oder anderen Gelegenheit dort in den schönen Räumen mit offenem Gebälk oder im Garten gesessen, wovon Gruppenfotos der Verwandtschaft zeugen. Feiern kann man im Kleinen Saal, von den Wirtsleuten »Große Stube« genannt oder im Großen Saal, der bis zu 150 Personen fasst. Oder in der Kutscher- oder Jägerstube sitzen.

Es kommen alle, die hausgemachten Kuchen bevorzugen, alle, die mal wieder deutsche Küche wollen, neben den auch in der Umgebung vielfach vertretenen Chinesen, Türken und Italienern. Es wird nach Jahreszeiten gekocht und angeboten: natürlich Grünkohl mit allen Fleischvarianten, Matjes und Maischolle, Spargel, Fisch und Wild. Und dazu die berühmten »Speckmann's Bratkartoffeln«, die auf den früheren Namen verweisen. Die Einwohner wissen noch heute, wohin sie gehen müssen, wenn einer »zu Speckmann« sagt.

Die Einkehr lockt mich besonders vor oder nach einem Weg durch die Huntewiesen, die nicht weit hinter dem Haus liegen. Wer direkt auf dem Huntedeich geht, zu beiden Seiten die ausgedehnten Wiesen, durch die Fahrradfahrer oder Reiter streifen, kann in etwas mehr als einer halben Stunde zu Fuß in der Stadt sein. Das ist ein Spazierweg vom Land in die Stadt – dass es daneben irgendwo viel bebaute und befahrene Straßen gibt, vergisst jeder in der Beschaulichkeit an der fließenden Hunte entlang, gleich ob im Winter oder Sommer immer ein sanfter, gerader Spiegel des Himmels. Oder umgekehrt mit der Freude auf eine der oldenburgischen Spezialitäten im Bümmerstedter Krug.

Von hier ist es nicht weit nach Sandkrug und in die Osenberge, nichts als befestigte Sanddünen, von Bäumen gehalten und im Winter beliebte Rodelbahnen.

VOR ALLEM DENKER

Berühmte Töchter und Söhne der Stadt

In Oldenburg lebten und leben Leute, die viel zum Fortschritt von Kunst, Musik, Literatur, Wissenschaft und Wirtschaft beigetragen haben. Aber die berühmtesten sind Denker. Sie haben mit ihren Ideen gewirkt, mit philosophischen, theologischen, pädagogischen und weltanschaulichen Schriften. Von einigen Künstlern habe ich schon geschrieben, Horst Janssen hat ein eigenes Museum, ebenfalls Franz Radziwill. Ludwig Münstermann signierte als »Bildhauer aus Hamburg« (geboren um 1575, gestorben 1637/38), ein Künstler zwischen Renaissance und Barock, der den Fassadenschmuck für das Oldenburger Schloss schuf. Er gestaltete Altäre und Taufsteine für viele Kirchen im Oldenburgischen, religiöse Werke in einer Zeit, in der einerseits protestantische Bilderfeindlichkeit bestand, aber andererseits die Gegenreformation weiterhin auf Bildwerke als Agitation für den Glauben setzte. Der bei Golzwarden geborene Arp Schnitger wurde dort 1648 getauft – in einem von Münstermann umgearbeiteten mittelalterlichen Taufstein – und starb 1719. Seine klangvollen Orgelbauten bestehen bis heute im Oldenburger Land, ganz Norddeutschland und sogar bis über Europa hinaus. Die Malerin Emma Ritter (1879–1972), bei Lovis Corinth ausgebildet, hatte die Bedeutung der Brücke-Künstler, vor allem Karl Schmidt-Rottluffs früh erkannt und dessen Stil aufgenommen.

Doch nun zu der Gruppe, die mich erstaunt hat. Das Oldenburger Land ist Bauernland, die Stadt bürgerlich geprägt, aber es stammen Intellektuelle aus der Region, die für ganz Deutschland Bedeutung gewonnen haben. Ein Gymnasium wurde nach einem von ihnen benannt, das Herbart-Gymnasium. Die Schulzeit ist die einzige, die Johann Friedrich Herbart (1776–1841) in Oldenburg verbracht hat. Als Philosoph stand er im Schatten seiner Zeitgenossen Fichte, Schelling und Hegel. Die Nachfolge Kants in Königsberg konnte er antreten, den Lehrstuhl von Hegel in Berlin bekam er nicht. Er wurde zuletzt Professor für Philosophie in Göttingen. Wirkung hatte er als konservativer Pädagoge, der überzeugt war, dass erst Bildung und Erziehung den Menschen befähigt, ein eigenständiges Individuum zu sein, das der Gesellschaft nützt.

Hier würde er mit Helene Lange (1848–1930) einer Meinung sein, wenn sie sich auch gegen seinen schematischen Unterrichtsplan wehrte, vor allem, weil er Knaben vorbehalten war. Wie die meisten Oldenburger Berühmtheiten beschränkt sich ihre Anwesenheit im Geburtsort auf die Kinder- und Jugendzeit. Helene Lange war eine der ersten Lehrerinnen, aber sie hat für die Frauenemanzipation im 19. Jahrhundert eine ähnliche Rolle wie Simone de Beauvoir im 20. Jahrhundert. Obwohl sie nie radikal ihre Position vertrat, hat sie viel bewirkt, vor allem, dass Frauen einen Beruf ergreifen konnten, Abitur machten, studieren und wählen durften, alles schön der Reihe nach möglich gemacht von Frauen wie Helene Lange.

Ein echter Philosoph und wohl der bekannteste Oldenburger Name der deutschen Geistesgeschichte war Karl Jaspers (1883–1969). Seine großen Vorbilder und Kollegen wie Max Weber und Martin Heidegger waren unter einer bürgerlichen Fassade nicht zimperlich mit dem Wechsel von Liebesbeziehungen. Ganz anders Jaspers. Seine Liebe zu Gertrud, seiner jüdischen Frau, überstand alles Unglück der Nazizeit, zum Glück auch die Giftampullen, die bereitlagen, falls eine Deportation drohte. Karl Jaspers, Arzt, Psychologe, der auch den pathologisch kranken Menschen ernst nehmen wollte, und Philosoph an bedeutenden Universitäten: Bei ihm dreht sich alles um das Zentralthema der menschlichen Existenz. Auch in der Nachkriegszeit, als er sich um die Atombombe sorgte. Viele hat er in ihrem Denken beeinflusst, nicht nur Hannah Arendt, die ihm auch die Rezeption in den USA ermöglichte.

Eigentlich sollte der Suhrkamp-Verlag in Oldenburg heimisch sein. Sein Gründer Peter Suhrkamp (1891–1959) ist gebürtiger Kirchhattener, also Oldenburger, der nach dem Lehrerexamen zunächst an Volkshochschulen arbeitete. 1913 wechselte er nach Bremen in den Schuldienst, aber dann kam der Erste Weltkrieg, der ihn in schwere psychische Krisen stürzte. Bevor er 1950 sein eigenes Verlagshaus gründete, leider in Frankfurt am Main, hatte er ein abenteuerliches Leben mit allen Höhen und Tiefen der Zeit hinter sich. Er band wichtige Autoren wie Brecht, Hesse, Benn, Celan und Bachmann an den Verlag und begründete die »Suhrkamp-Kultur«.

UM OLDENBURG HERUM

Pestruper Gräberfeld im Sommer

19

Am **Hunteufer** in Tungeln verläuft der Hunteweg
26203 Wardenburg-Tungeln
www.hunte-natur.de

DER SCHUSTER UND DIE ZWERGE

Die Sage vom Hunteufer

Außer Menschen und Tieren soll es ja noch andere Bewohner der Erde geben. Riesen und Klabautermänner zum Beispiel, Elfen oder Zwerge. Deren Aufgabe war es, die Natur zu bewachen, aber heute sind sie verschwunden. Nur an einigen versteckten Stellen im Moor oder an einem Fluss kann man vielleicht noch einen Zwerg treffen – wie der Schuster, der am Hunteufer in der Nähe von Wildeshausen bei Colnrade plötzlich ein Männlein mit einem Sack sah, das einer Erdhöhle zustrebte. Der Schuster klatschte in die Hände und vor Schreck ließ der kleine Kerl den Sack fallen und verschwand. Als er den Sack öffnete, fand er Gold darin!

Im Dorf rief der Schuster seine Freunde zusammen und lud alle ins Wirtshaus ein. Aber als er den Sack vor den anderen geheimnisvoll und triumphierend öffnete, war dort nur ein alter Stiefel zu sehen. Seine Freunde lachten ihn aus und zeigten ihm den Vogel.

Am anderen Morgen waren alle Holzschuhe im Dorf verschwunden. Barfuß liefen die Leute über den Hof bis zur Straße, niemand fand auch nur einen einzigen Schuh. »Schaut mal«, rief einer und zeigte zum Fluss hinunter. Mitten auf dem Fluss schaukelten die Schuhe in einer langen Reihe. Zuerst die Kinderschuhe. In jedem Schuh saß ein kleines Männlein und ruderte mit einem hölzernen Kochlöffel. Dass die in ihren Küchen fehlten, hatten die Leute noch gar nicht bemerkt. Dann schwammen die Frauenschuhe, beladen mit Nüssen und Früchten. Die Zwerge in den Kinderschuhen passten auf, dass keiner davontrieb. Zum Schluss folgten, begleitet von den kräftigsten Zwergen, die mit dicken Säcken tief im Wasser treibenden Männerschuhe. Ab und zu glitzerte es auf, von einem Sonnenstrahl getroffen.

»Gold!«, schrie der Schuster und wollte hinterher. Aber die anderen hielten ihn fest: »Denk an den Stiefel.«

20

Das **Schloss** liegt gegenüber dem **Palais Rastede**
Feldbreite 23
26180 Rastede
04402 81552

Tourist-Information Residenzort Rastede
Baumgartenstraße 10
26180 Rastede
04402 8638550
www.rastede-touristik.de

JEDER EIN KLEINER FEUDALHERR

Schloss und Palais Rastede

An Graf Anton Günther kommt im Oldenburger Land niemand vorbei. Seine Herrschaft hat die Region geprägt. Nördlich von Oldenburg liegt die Residenzstadt Rastede. Ihre Wurzeln reichen über 1000 Jahre zurück, denn 1059 wurde die St.-Ulrichs-Kirche geweiht, ein Juwel mit einer romanischen Krypta. Der damalige Graf, der mit einer Puppe angeblich einen Löwen überlistete, ließ kurz darauf ein Benediktinerkloster gründen. Davon gibt es nur noch wenige Zeugnisse, aber Graf Anton Günther war es, der den Ort wieder als Sommerresidenz wählte und hier ein Lustschloss und einen Marstall baute, in dem er mehr als 2.000 Pferde hielt. Seine späteren Nachfolger bauten das Schloss in rein klassizistischer Gestalt um und anschließend das ehemalige Landhaus gegenüber zum Erbprinzenpalais. Alles umgeben von einem zauberhaften englischen Park, der voller Gewässer in einen Wald übergeht.

Das Schloss gehört dem Grafen von Oldenburg, dessen Hauptresidenz heute in Eutin liegt. Damit erinnert Rastede an die Geschichte und die wechselnden Herrschergeschlechter, die es bewohnten. Es ist nicht zu besichtigen, dafür hat Rastede mit dem Palais gegenüber ein aufregendes Zentrum, in dem sich das reiche Kulturleben der Region abspielt.

Besonders gern wandere ich in den ersten Stock des Erbprinzenpalais. Dort ist nicht nur die Aussicht in einer Sichtachse auf das Schloss beachtlich, sondern auch die geschichtlichen Zeugnisse über das Grafenhaus. Sogar eine Königin von Griechenland ist mit Prinzessin Amalia vertreten, die mit Otto I., dem Sohn des bayrischen Königs, verheiratet wurde. Sie brachte die Gartenkunst, die immer schon ein Anliegen der Oldenburger Herzöge gewesen war, nach Athen. Nicht nur in Oldenburg, auch in Rastede mit seinem südlichen Flair verstehe ich, warum es nicht nur die damaligen Herzöge, sondern auch mich in den Süden zieht.

Das jährliche Oldenburger Landesturnier in Rastede, eines der größten in Europa, steht ganz im Zeichen der Pferdebegeisterung im Oldenburger Land.

21

Ursprünglich stand in Rastede ein Kloster, das nach Hude verlegt wurde. Auch dort zeugen nur noch **Ruinen** vom klösterlichen Leben.

EIN GRAF TRICKST DEN KAISER AUS

Die Sage um das Gottesurteil

Kaiser Heinrich IV. stand unter dem Einfluss des Erzbischofs Adalbert von Bremen, einem Widersacher der Oldenburger Grafen. In Rastede lebte Graf Huno. Gegen ihn wiegelte der Erzbischof die Ammerländer und Rüstringer Untertanen auf. Als Kaiser Heinrich alle deutschen Fürsten auf dem Reichstag zu Goslar um sich versammeln wollte, kümmerte sich Graf Huno nicht darum und blieb zu Hause, wo er genug mit den aufständischen Bauern zu tun hatte. Der Erzbischof überredete den Kaiser, dies nicht zu dulden und den Ungehorsamen einem Gottesurteil zu unterwerfen, das bezeugen sollte, ob er dem Kaiser treu ergeben war oder nicht.

Graf Huno vertraute auf seine Unschuld und reiste zusammen mit seinem Sohn Graf Friedrich nach Goslar zum Reichstag, wie ihm der Kaiser befohlen hatte. Dieser jedoch verlangte einen Kampf, um das Vergehen zu sühnen. Der junge Graf sollte mit einem Löwen ringen. Das gab ein Wehklagen! Vater und Sohn schworen, ein Kloster zu stiften, falls Friedrich den Löwen besiegen würde, was kaum zu erwarten war.

Einen Löwenkampf, den ließ sich keiner entgehen, weder Kaiser noch Erzbischof, noch Fürsten und Grafen. Der junge Graf Friedrich war gewieft. Er bastelte eine Figur aus Stroh, beschmierte sie mit Fett und Ochsenblut und hielt diese Puppe beim Kampf dem Löwen entgegen. In dem Moment, als dieser den Strohmann wütend zerriss und den Mann daneben gar nicht beachtete, holte Friedrich zum tödlichen Stich mit seinem Schwert aus. Als Belohnung erhielt er sogar ein Stück Land in Westfalen und selbstverständlich wurde auch ein Kloster in Rastede gestiftet, das später nach Hude verlegt wurde. Der Erzbischof von Bremen versöhnte sich mit der siegreichen Nachbarschaft, die offensichtlich Gottes Segen hatte. Seitdem tragen die Oldenburger Grafen und ihre dänischen Nachfolger Friedrichs ammerländisches Wappen.

22

Fährkroog Dreibergen
Dreiberger Straße 25
26160 Bad Zwischenahn
04403 8360
www.faehrkroog-dreibergen.de

ESSEN, WO RITTER SCHLIEFEN

Fährkroog Dreibergen am See

Drei etwa zehn Meter hohe Hügel, Berge genannt, erheben sich gegenüber Bad Zwischenahn am anderen Ende des Zwischenahner Meeres. Dort, wo im 12. Jahrhundert eine Ritterburg lag und das Adelsgeschlecht der Elmendorfer lebte, befindet sich heute ein beliebtes Ausflugsziel, der Fährkroog. Er liegt an der Sonnenseite und bietet typische lokale Gerichte an wie Aal und Snitjebraten an. Der Aal, eine Spezialität des Zwischenahner Meeres, im gesamten Oldenburger Land und darüber hinaus als Delikatesse begehrt, kommt inzwischen aus Polen, sonst wäre er im »Meer«, wie sich der große Binnensee nennt, längst ausgerottet. Früher stand hier eine Kapelle, zuerst in Holz gebaut und abgebrannt, dann in Stein, aber abgebrochen. Die alles gut ausnützenden Ammerländer haben die Steine dann in der Bad Zwischenahner Kirche verbaut. Wie überall im Oldenburger Land bleibt Geschichte erhalten.

Früher gab es eine Fähre über den See, um dessen Entstehung sich zahlreiche Sagen ranken. Heute floriert der Bootsverkehr in allen Ausprägungen: Segelboote, Jollen, Kanus und Tretboote – alles lässt sich mieten. Und wie überall an Seen blüht an den Ufern ein reges Urlaubsangebot.

Das Fährhaus, heute im Besitz der Familie Thoben, war früher ein Bauernhaus, aber vom »Verein für Heimatpflege« an den Platz direkt am See versetzt. Ich sitze mit meinen Verwandten gern in der alten Bauerndiele oder im Garten, schaue auf die große schimmernde Wasserfläche, die sowohl anregend als auch beruhigend für die Seele wirken kann. Und wenn wir nach dem kräftigen Schmaus – Aale sind eben doch sehr lecker, trotz großem Fettgehalt – noch Kraft haben, steigen wir in die »Berge« hinauf und genießen von dort einen noch weiteren Blick.

Zum Aal gehört natürlich der Ammerländer Schnaps, in einem Zinnlöffel serviert. Der dazugehörige Trinkspruch beginnt: »Ick seh di! – Dat freit mi!«

23

Spieker Gaststätte Ammerländer Bauernhaus
Am Hogen Hagen 4
26160 Bad Zwischenahn
04403 2324
www.spieker-gaststaette.de

Verein für Heimatpflege Bad Zwischenahn Heimatmuseum Ammerland e.V.
Auf dem Winkel 26
26160 Bad Zwischenahn
04403 2071
www.ammerlaender-bauernhaus.de

Aale und Rhododendron

Spaziergang am See und Einkehr in der Spieker Gaststätte

Hier herrscht lebhafter Tourismus. Gute Hotels laden ein, der Kurbetrieb läuft, der See lockt zum Baden und Segeln. Und dazu, ihn auf wunderschönen Uferwegen elf Kilometer lang zu umrunden. Der Bach, der in dieses Binnenmeer mündet, heißt Aue und mit Sicherheit verlässt er ihn nicht mit demselben Wasser auf der anderen Seite, um nach einigen Umwegen in die Soeste zu münden.

Ein berühmter Arzt, durch den heute noch Apotheken verdienen, wurde 1821 hier geboren, holte als Erwachsener das Abitur am Alten Gymnasium nach, erhielt die Approbation und praktizierte in Oldenburg. Begraben ist er dort auf dem Gertrudenfriedhof: der Dr. Wilhelm Heinrich Schüßler. Heilpraktiker verschreiben immer noch gern seine zwölf Mineralsalze, die sich positiv entweder auf das Immunsystem, die Haut oder die Organe auswirken sollen. Homöopathisch dosiert, auflösbar im Mund. Eine biochemische Heilweise bei einem gestörten Mineralhaushalt, wenn wir ihn feststellen oder vermuten.

In Bad Zwischenahn ist man sich seiner Bedeutung nicht ganz sicher, aber er wird liebevoll erwähnt. 1898 starb Schüßler, der selbst im Sommer Wollhandschuhe getragen haben soll. Der Tradition des Heilens ist der Kurort treu geblieben und bietet alles, was für eine erfolgreiche Kur nötig ist.

Sein Haus ist kein Pilgerziel, die Menge strömt zum Freilichtmuseum Ammerländer Bauernhaus direkt am See, zu den nahen Landarbeiterhäusern, den Köterhäusern, und zur Kultgaststätte Spieker, wo früher gebacken und gebraut wurde und jetzt Aal und Matjes so zart und frisch schmecken wie nirgendwo sonst. Den Korn von einem Löffel zu trinken ist Pflicht! Bad Zwischenahn liegt mitten im Ammerland, wo die Böden und das Klima nahe an der Nordsee ideal für Menschen, aber auch für Pflanzen ist. Die Rhododendronblüte beweist das jedes Jahr.

Baumschulen des Ammerlandes, wie die von Johann Bruns, die hier für das Wachstum ein so ideales Wetter vorfinden, liefern in Parkanlagen der ganzen Welt.

24

Park der Gärten
Elmendorfer Straße 40
26160 Bad Zwischenahn
04403 81960
www.park-der-gaerten.de

Blühendes Ammerland

Park der Gärten

Wer sich für Gärten interessiert, ist im Oldenburger Land richtig. Keiner muss nach England fahren, um dort die üppig blühenden Parks und Gärten zu besuchen. Englische Landschaftsgärten gibt es in der Umgebung fast jedes Schlosses. Baumschulen tun das Ihre, um die Landschaft in einen einzigen Garten zu verwandeln. Und eine Augenweide für Besucher, ein Informationszentrum für Leute, die ihren Garten neu gestalten wollen, ist der Park der Gärten bei Bad Zwischenahn, wo die Niedersächsische Gartenakademie als angeschlossener Partner nicht nur Gärtnern eine berufliche Weiterbildung bietet, sondern auch jedem Gartenliebhaber unter dem schönen Motto »Wissen wachsen lassen«.

Auf dem ehemaligen Gelände der Landesgartenschau 2002 ist alles auf den Besucher abgestimmt. Selten habe ich Informationen so leicht präsentiert gesehen wie hier, ich, die ich eigentlich nur zum Schauen komme. Blütenpracht und Farben interessieren mich mehr als die genaue Kenntnis der Namen von Pflanzen und ob sie essbar sind oder nicht, aber da sind wir ja alle verschieden. Es bleibt wirklich nicht nur Insiderwissen, denn jeder Pflanze ist ein QR-Code zugeordnet, mit dem man auf jedem Smartphone alles darüber lesen und speichern kann. Ich gehöre nicht zu den Leuten, die alles durch eine Kamera betrachten, sondern als Schreiberin muss ich sehen, riechen und manchmal sogar vorsichtig fühlen. Und auf der Bank, wo mir Gartentexte vorgelesen werden, fühle ich mich heimisch. Der neueste Trend ist die Mischung zwischen Illumination und kulinarischen Genüssen im Park. Oder »Mystische Nächte«. Ich bin noch ein bisschen altmodisch und nehme mir gern die Informationsblätter mit, zum Beispiel über den Ländlichen Blumengarten um 1900 oder die Obstwiesen.

Von Kindergeburtstagsfeiern, Gruppenführungen bis zu Vorträgen und Konzerten, für alles ist gesorgt.

Der Sonnenenergie-Erlebnispfad zeigt die Nutzung durch Sonnenergie in verschiedenen Stationen von der Kochkiste bis zur Solaranlage mit Pumpe.

25

Malerisch und sagenhaft:
Thülsfelder Talperre

AM ZWISCHENAHNER MEER UND ANDERSWO

Ahlhorner Heide: Die Sage der Schatzsucher

Sagen über die Ahlhorner Heide gibt es viele. Einer Version zufolge entstand der See bei Bad Zwischenahn, weil angeblich der Teufel hier einen ganzen Wald ausriss und so eine sich mit Wasser füllende Vertiefung schuf. Mit den Bäumen wollte er die Stadt Oldenburg als Strafe für die dortigen Kirchenneubauten bombardieren, was ihm aber nicht gelang. Und wie in vielen sagenhaften Meeren und Seen gibt es am Grund ein versunkenes Dorf, sogar ein Schloss soll dort gestanden haben, von dem bei klarem Wasser noch die Grundmauern zu sehen sein sollen. Besitz am fischreichen Zwischenahner Meer war immer schon begehrt. 1331 verkauften es die Grafen von Elmendorf an die Grafen von Oldenburg.

Natürlich gab es an den Ufern auch Schätze. Jeder mit einem Zauber belegt. Wer ihn hebt, heißt es, werde vor Lärm des Nachts nicht schlafen können, so lässt man es besser bleiben. Andere Schatzsucher hatten auch wenig Glück – so wie in dieser sagenhaften Begebenheit: In der Ahlhorner Heide locken Steine, Gräber und Galgenstätten. »O Wunner, o Wunner, wat liggt hier woll unner?« Die Burschen, die sich zum Schatzgraben verabreden, erleben die wunderlichsten Sachen: Kutschen mit Hirschen bespannt fliegen vorbei, danach erscheint ein Reiter auf einem Ziegenbock, dessen Füße zusammengebunden sind. »Hab ich die Kutsche bald eingeholt?«, fragt er. Die erste Begebenheit lässt jeden noch sprachlos. »Machen wir weiter«, denken sie und graben verbissen. Die zweite Erscheinung aber verlangt einen Kommentar. Sei es ein Donner und Doria. Sei es ein Gelächter: »Du Döskopp, dat geiht doch mit'n Düwel to.« Aber damit ist das Stichwort für den Schatz gefallen. Seine Kiste schon in Sichtweite entschwindet er in der gegrabenen Erdspalte, in tiefste Finsternis, die ihn verschlingt.

Eine zweite Chance für Schatzsucher gibt es nicht. Die es versucht haben, bleiben ihr Leben lang verwirrt und reden dummes Zeug. Aber vielleicht klappt es doch noch. In der Johannisnacht, heißt es, können drei Männer, die alle Johann heißen, eventuell Erfolg haben.

26

**St.-Nikolai-Kirche
Evangelisch-Lutherische
Kirchengemeinde**

Hauptstraße 38
26188 Edewecht
04405 7011
www.ev-kirche-edewecht.de

EIN KIRCHDORF IM AMMERLAND

St.-Nikolai-Kirche

Den hölzernen Glockenturm, der auf einem Gemälde im Wohnzimmer meiner Großmutter hing, hat die heutige Kirchengemeinde Edewecht als ihr Logo. Es ist nicht mehr derselbe, denn er wurde im April 1945 zerstört, als Edewecht kurz vor Kriegsende im Bombenhagel unterging. Aber einen Holzturm kann man ja leicht rekonstruieren. Und die alte Glocke stürzte zwar herab, aber läutet heute noch. Das Oldenburger Land ist insgesamt von Kämpfen im Zweiten Weltkrieg nicht allzu versehrt worden, deshalb blieb in der Stadt Oldenburg ein großer Teil der großherzoglichen Architektur erhalten. Modernisierungen zugunsten von Einkaufszentren erwiesen sich als größere Gefahr als Bombenteppiche. Doch die Umgebung von Oldenburg wurde nicht verschont, und so ist das große Dorf Edewecht im Ammerland heute ein Neubaugebiet. Die Geschichten über das alte Pfarrhaus gegenüber der Kirche haben meine Großmutter und Tanten bei mir wach gehalten. Mein Großvater war bei Kriegsende längst pensioniert und ein paar Jahre verstorben, aber heute gibt es eine Georg-Hanßmann-Straße in Edewecht, die an ihren langjährigen Pastor erinnert. Auf dem Friedhof gibt es noch ein Grab ohne Vornamen und Geburtsnamen, nur mit seinem Nachnamen versehen. In der unter einem riesigen Wacholderbusch verborgenen Grabstätte Hanßmann liegt seine erste, im Kindbett verstorbene Frau.

Die Kirche St. Nikolai, deren älteste Teile aus dem 13. und 14. Jahrhundert stammen, trotzte mit ihren fest gebrannten Ziegeln den Bränden. Ein sehr ausdrucksvoll geschnitzter Altar stammt aus der Zeit kurz vor der Reformation und die Orgel wurde von einem Gesellen Arp Schnitgers gebaut.

Mich beeindrucken die Deckengemälde des Jüngsten Gerichts. Bei der Renovierung 1907 hat sie der Maler Wilhelm Morisse frei ergänzt, durch die Darstellung des übergroßen Todes wohl noch schrecklicher gemacht. Da lobe ich mir die behutsamen heutigen Restauratoren!

Statt einer »Küsterey«, wie es früher hieß, hat die Gemeinde jetzt ein modernes Haus der offenen Tür für ihre vielfältigen Gemeindeaktivitäten.

27

Wasserspiegelung einer Oldenburger Stadtvilla

Über das Schicksal der **Braut von Fikensolt** nachgrübeln bei leckerem Essen in der **Gaststätte Fikensolter Bückelkroog**
Westersteder Straße 25
26655 Westerstede
www.fikensolter-bueckelkroog.de

Touristik Westerstede
Am Markt 2
26655 Westerstede
04488 55660
www.westerstede-touristik.de

EINE FANTASIE

Schloss Fikensolt: Die Sage von der Braut

Das Gemälde einer bräutlich geschmückten Dame hängt in Fikensolt, einem stattlichen Herrenhaus in der Nähe von Westerstede, 1757 über einer mittelalterlichen Burg errichtet. Schon über 300 Jahre behauptet sie ihren Platz, obwohl ihre Ehe nicht über den Tag der Hochzeit hinausreichte, das bezeugen Kirchenbücher. Mit der Hochzeit sollte ein alter Zwist zwischen verfeindeten Familien beendet werden. Jungfer Maria Gertraud ritt mit viel Gefolge zum Schloss Fikensolt. Nur widerwillig hatte sie der Eheschließung zugestimmt, denn der Junker war in der ganzen Gegend als Weiberheld bekannt, außerdem so alt wie ihr Vater. Sie hatte aber die Erfahrung gemacht, dass sie ihren Vater leicht um den Finger wickeln konnte. Das gab ihr die Zuversicht, mit einem alten, weibstollen Ehemann fertig zu werden.

Nicht einmal die Brücke war heruntergelassen, keine Hochzeitsgesellschaft erwartete sie. Erst nach Rufen stürzte ihr Mario entgegen, der dunkelhäutige Diener, den der Bräutigam Fikensolt von einer Orientreise mitgebracht hatte. Sein Gesicht nass von Tränen, reichte Mario ihr schweigend die vielreihige Perlenkette, die Krönung ihres Brautschmuckes sein sollte und mit der sie auf dem Gemälde verewigt wurde.

Am Bett des Junkers stand der Priester, der eigentlich die Ehe segnen sollte, nun aber mit den Sterbesakramenten in der Hand. »Hinaus«, rief die Braut der Dienerschaft zu, auch einer jungen Frau, die sich über den Sterbenden beugte, als sei sie seine eigentliche Gattin. Was geschah, erfuhr niemand genau. Weder der Priester noch Mario haben je darüber gesprochen. Seit diesem Tage aber gab es eine Herrin auf Fikensolt. Nach ein paar Jahren liefen einige dunkelhäutige Kinder in der Küche herum, Kinder von Mario. Über die Mutter erzählten sich die Leute nur in verschwiegenen Stunden. Sie kam spät, aber nicht zu spät. Vielleicht ist alles nicht wahr.

28

Rhododendronpark Hobbie
Alpenrosenstraße 7
26655 Westerstede-Petersfeld
04488 2294
www.hobbie-rhodo.de

Der **Rhododendronpark Gristede** liegt an der Gristeder Straße zwischen 26160 Bad Zwischenahn und Wiefelstede
www.bruns.de

WIE IM RAUSCH

Rhododendronpark Hobbie bei Petersfeld

Mai und Juni sind die Rhododendronmonate im Oldenburger Land. Nun gibt es ja auch noch andere Regionen Deutschlands, wo die großen Büsche Farbräusche in die Landschaft tupfen. In Hamburg ist der Ohlsdorfer Friedhof voll davon. In den Parks entlang der Elbe stehen sie auch. Aber nirgendwo habe ich so viel davon gesehen, so bunt, so in jeden Garten gepflanzt wie im Ammerland, dem Land der Baumschulen nordwestlich von Oldenburg. Wo die Pflanzen in großen Parks blühen, sind immer viele Menschen. Das hat mit der Jahreszeit zu tun, endlich Frühjahr, aber auch mit der Faszination der farbstarken Büsche, die Massen anziehen. Das wäre ein Grund, mir die aus dem Himalaya stammenden Exoten zu verleiden, aber ich gebe zu, in der kurzen Zeit, die sie in voller Blüte stehen, muss man sie teilen. Der Herzog von Oldenburg konnte ja auch seinen Schlosspark nicht einfach absperren, nachdem er ihn für das bürgerliche Publikum geöffnet hatte.

Der größte Rhododendronpark liegt bei Westerstede-Petersfeld, etwa 70 Hektar umfasst er. Hier stehen bis zu neun Meter hohe Blütenwände unter dem Schutz von Kiefern. Wer weiß schon, dass es 250 Wildarten gibt und über 1.000 gezüchtete Formen. Vom subtropischen Baumrhododendron bis zur zwergwüchsigen Hochgebirgsform wird alles verkauft und in alle Welt versandt.

Eintritt kostet der Zutritt im Rhododendronpark der Familie Hobbie mit seinem alten Bestand nur in der Blütezeit. Im nahen Gristede, im Besitz der Baumschule Johann Bruns, ist der Besuch kostenlos. Wer mehrmals kommt, sieht die verwelkten und die neu erblühten Pflanzen, was zusätzlich einen starken Eindruck hinterlässt. Wenn es in den Baumschulen auch so manche bizarr gezüchtete Form gibt, die in den Gärten wie marschierende Soldaten aufziehen, der Rhododendron ist nicht zu verbiegen und bleibt immer ein Augenschmaus.

Ein Besuch lohnt sich in der Rhododendronzeit im Ammerländer Bilderbuchdorf Torsholt. Mühle, reetgedeckte Bauernhäuser und Kühe auf der Weide.

29

Am **Elisabethfehnkanal** liegt das **Moor- und Fehnmuseum**
Oldenburger Straße 1
26676 Elisabethfehn
04499 2222
www.fehnmuseum.de

Bürgerinitiative Rettet den Elisabethfehnkanal!
www.elisabethfehnkanal.de

KANÄLE IM FEHNLAND BIS ZUM HORIZONT

Elisabethfehnkanal

Es geht geradeaus. Diese einfache Richtung entlang von Straßen zu beiden Seiten von Kanälen führt zu einem klaren Ziel: dem Horizont. Das hat etwas Beruhigendes. Ganz weit geht der Blick, ganz hinten verengt sich alles auf einen Punkt. Wie ein Pfeil zielt der Kanal in den Himmel, im Sommer über sich ein schützendes Blätterdach. Ich habe nicht geahnt, wie wohltuend diese Landschaft ist. Eine Fehnlandschaft hat mit den märchenhaften Feen nichts zu tun – so dachte ich. Zumindest etymologisch stimmt das auch: Das Wort stammt aus den Niederlanden und »Veen« bedeutet dort Moor. Aus harter entbehrungsreicher Arbeit sehr armselig lebender Menschen ist die Landschaft entstanden. Vorher war alles ein unzugängliches Moor, bis das Land durch die Entwässerungskanäle nutzbar gemacht wurde. Künstlich ist diese Himmelslandschaft. Wir fahren die Kanäle entlang, immer weiter, als würde der Weg nie enden. Neben uns das still stehende Wasser, ab und zu eine der charakteristischen weißen Brücken oder Schleusen.

Seit über 150 Jahren leben Menschen entlang des Kanals, einem der letzten vollständig erhaltenen, dessen Wasser nicht fließt, sondern nur durch künstliche Zuflüsse, Verdunstung und Regenfälle erneuert wird.

Es wäre möglich, entlangzufahren, aber wir sehen nur ein paar uralte Boote am Ufer liegen. Die Kanäle sind parallel in das Land gestochen und ein Wegweiser weist uns zum Moormuseum von Elisabethfehn, einem der längsten Orte, unterteilt in Süd, West, Ost und Nord. Im Museum an der Dreibrückenkreuzung wird uns klar, wie mühsam das Leben der Leute gewesen ist, die entlang der Dörfer an den Kanälen lebten. Heute scheint es eine beliebte Wohngegend zu sein, davon zeugen die alten und neuen Häuser an den Straßen. Ziegel, bunt und glänzend, wetteifern mit der Sonne, die das ruhige Wasser der Kanäle sanft erstrahlen lässt.

Eine Bürgerinitiative hat lange und erfolgreich um den Erhalt des Kanals und seiner Schleusen gekämpft. Der letzte intakte Fehnkanal bleibt schiffbar!

30

Hafen
Deichstraße/Hauptstraße
26676 Barßel

Tourist-Information Barßel
Theodor-Klinker-Platz 1
26676 Barßel
04499 938080
www.barssel-saterland.de

Ebkenssche Windmühle
Mühlenweg 4
26676 Barßel
04499 922551
www.windmuehle-barssel.de

EINE INSEL IM LAND

Hafen im Erholungsgebiet Barßel-Saterland

Ganz im Osten des Oldenburger Landes, nicht weit vom Elisabethfehnkanal, befindet sich ein besonderes Stückchen Deutschland, die kleinste Sprachinsel mitten im Land, wo eine eigene Sprache, das Saterfriesisch, von etwa 1.500 Menschen gesprochen und gepflegt wird. Das Saterland war eines der abgeschiedensten Gebiete, lange nicht an das Straßennetz angeschlossen und nur mit Booten erreichbar. So konnte sich diese sprachliche Besonderheit halten. Der größte Ort dort ist Barßel, an der Soeste gelegen, die sich nördlich mit der Jümme, der Leda und der Sagter Ems vereinigt. Eine Stadt, von Flüssen umgeben. Noch mit Auswirkungen von Hoch- und Niedrigwasserzeiten. Barßel entwickelte sich, obwohl nicht direkt am Meer, zu einer Seemannsstadt, denn die Einwohner, die nicht in den umgebenden Moorgebieten arbeiteten, fuhren als Seeleute auf allen Weltmeeren. Wie lange die Kultur der Region zurückreicht, zeigt sich nicht nur an den Mooren, wo ja Moorleichen davon zeugen. Auch die 300 Jahre alte Ebkenssche Windmühle zeugt davon.

Ich weiß nicht, ob ich der Region den Tourismus wünschen soll, den sie verdient hätte, denn so bleibt die Verträumtheit und Weite, der Wasserreichtum und die Himmelsnähe gewahrt, die ich so schätze. Das Erholungsgebiet Barßel-Saterland ist ein Geheimtipp durch seine abwechslungsreichen Brücken und Schleusen, die sonst nicht in dieser Vielzahl zu erleben sind. Bohlenwege führen durch das Moor, wo im Sommer das Wollgras eine malerische Schneelandschaft zaubert.

Moor- und Siedlungsmuseen, historische Mühlen, alles über Schifffahrt und fremde Meere, Moorbahnen, die durchs grüne Land fahren und den dunklen Moorboden durchqueren, der die alte Zeit erfahrbar macht. Historische Eisenbahnen tuckern gemächlich mit 30 Stundenkilometern vom Ammerland ins Fehngebiet mit Umsteigemöglichkeiten in die Moorbahn.

Die »Großstädter« aus Oldenburg oder Emden nutzen die Moorbahnen gern für Kohlfahrten, Spargel- und Wildessen im Saterland, wo das Wasser nie weit ist.

31

Johanniterkapelle Bokelesch
Johanniterstraße 6
26683 Saterland
04498 940115
www.friesische-johanniter.de

NUR EINE KAPELLE BLIEB

Johanniterkapelle Bokelesch

Wer sind die Johanniter? Heute würde man sagen, eine der evangelischen Kirche nahe stehende Organisation, die sich sozialen Aufgaben widmet, ähnlich wie die katholischen Malteser, mit denen sie die Herkunft gemeinsam haben oder die Arbeiterwohlfahrt.

Als Ritterorden kämpften sie in Jerusalem für die Christenheit. Nach dem Ende der Kreuzzüge machten sie auf Malta Station, daher auch der Name »Malteser«. Im 13. Jahrhundert übernahmen sie die klösterliche Tradition der Benediktiner, die als erster Orden in Friesland missioniert hatten. Über 20 Johanniterklöster soll es im Oldenburger Saterland und im angrenzenden Ostfriesland gegeben haben. Sie betrieben Landwirtschaft und versorgten die arme Bevölkerung, vor allem aber waren sie fromm, die adeligen Ritter im Priesterstand, die Laienbrüder und -schwestern. Im Orden aufgenommen zu werden, war für viele besser, als auf armseligen Höfen zu hungern. 1587 wurden alle von der Reformation überrollt, aber die Güter blieben im Besitz des Ordens.

Ein Kapellchen gibt es noch. In Bokelesch im Saterland, dort wo noch eine altertümliche eigene Sprache, das Saterfriesisch, in Resten überlebt hat, steht sie, malerisch von Bäumen umgeben, sogar umwachsen. Ein roter Ziegelbau mit Rundfenstern, ein einschiffiges Kirchlein mit Madonnenstatue am Altar. Am Nebengebäude, dem Informationspunkt, den die Gemeinde betreibt, hängt ein Kreuz, das man für Prozessionen abnehmen darf und wieder an den Platz stellt, wenn man die Kapelle mit dem Kreuzweg umrundet hat. Im modern gestalteten Gebäude ist eine Dokumentation über das Leben der Johanniter in der Region zu sehen, man kann auf Tafeln Informatives lesen oder auch kleine Filme anschauen. Ich verstehe, warum man Laienschwester werden wollte: Sie wurden geachtet.

Kaffee und Kuchen serviert ein freundlicher Gemeindebediensteter für die Besucher auf der Terrasse, mit Blick aufs Land und eine Pferdekoppel.

32

Schloss Neuenburg
Schlossgang
26340 Zetel
04453 9350
www.neuenburger-schloss.de

WAS EIN GRAF VON BAUERN LERNEN KANN

Schloss Neuenburg: Die Sage von der Ernte

Der Oldenburger Graf Gerd, der auf Schloss Neuenburg lebte, ritt gern in den Urwald, um zu jagen. Einmal verfolgte er ein Reh, aber als er es töten wollte, stand vor ihm eine wunderschöne Frau, in die er sich sofort verliebte. Er nahm sie mit, doch als er allein in seinem Studierzimmer saß, klopfte es und herein kam der Teufel, ohne jegliche Maskierung geradewegs aus der Hölle mit Hörnern und Pferdefuß. »Wenn du mir nicht deine Seele verschreibst, ist die Frau morgen wieder weg«, drohte er. Der Graf erschrak. Auf keinen Fall wollte er die Frau verlieren. Sofort unterschrieb er den stinkigen Lappen, den ihm der Teufel vorlegte. Schon unterschrieben, las er, dass er nur die Zeit bis zur nächsten Aussaat und Ernte mit seiner schönen Frau verbringen durfte. Nur ein knappes Jahr. Doch zunächst schickte er den Teufel in die Hölle und bereitete die Hochzeit vor.

So richtig freuen konnte er sich nicht, wenn er an die kurze Zeit dachte, die ihm blieb. Er versuchte sich mit langen Ausritten über Land zu beruhigen. Dabei traf er auf einen Bauern, der Eicheln säte. »Man muss ein bisschen weiter denken als bis zur nächsten Ernte, Herr Graf«, sagte der, »ich mache das hier für meine Enkel, die dann, wenn der Wald gewachsen ist, das Holz verkaufen können.«

Am Tag nach der nächsten Ernte kam ein Ritter ins Schloss, der Graf merkte gleich, dass es der Teufel war, der sich verkleidet hatte. Der konnte den Pferdefuß und einen leichten Schwefelgestank nicht verbergen. Er forderte die Erfüllung des Vertrags. Der Graf lachte nur und zeigte ihm die grünen Pflanzenschößlinge, die er gepflanzt hatte. »Die Ernte werde ich nicht mehr erleben«, sagte er, »und wenn ich hundert Jahre alt werde.« Rot vor Wut schrie ihn der Teufel an: »Ich kann jetzt nur noch hoffen, dass deine Frau dir die Hölle heiß machen wird!«

33

Spaziergang durch die Jever Altstadt
Startpunkt: Stadtkirche
Am Kirchplatz 28
26441 Jever

Informationen:
Touristinformation Jever
Alter Markt 18
26441 Jever
04461 939261
www.stadt-jever.de

EINE STADT FAST AM MEER

Spaziergang durch die Altstadt

Die Stadt im höchsten Norden des Oldenburger Landes war bereits zur Römerzeit besiedelt, was Münzfunde bezeugen. Ein in das Marschland vorgeschobener Geestrücken hat die Siedlung begünstigt. Heute kennt in Deutschland jeder Jever, vielleicht auch in Übersee, weiß allerdings manchmal nicht, wo es liegt. Es ist das Bier, das weltberühmt ist, ein herbes, schmackhaftes Gebräu, gelagert in drei glasverspiegelten Gärtürmen.

Berühmt ist Jever auch wegen einer weiblichen Regentin, dem Fräulein Maria, die in einem der schönsten Schlösser der Region residierte. Aber auch andere Herrscherinnen scheinen sich dort wohlgefühlt zu haben, denn 1667 erbten die Fürsten von Anhalt-Zerbst das Jeverland und deren berühmtestes Mitglied, die Zarin Katharina II. wurde 1793 Regentin, bis 1813 Zar Alexander I. das Land an den Herzog von Oldenburg abtrat. Ein Gemälde im Audienzsaal des Schlosses zeigt Katharina als eine üppige Matrone – wollte der Maler sie seriös darstellen, obwohl sie bekanntermaßen nicht den besten moralischen Ruf hatte? Sehr sehenswert sind die Ausstellungsobjekte im Schlossmuseum, das mit seinem runden Wehrturm zum Wahrzeichen des Jeverlandes wurde. Besonders schön auch das Rathaus am Kirchplatz, mit Wappen der herrschenden Geschlechter geschmückt. Ein Juwel im hohen Norden Deutschlands.

Wie jede Stadt erlebte auch Jever mehrere Brände. Besonders die Evangelische Stadtkirche wurde mehrmals zerstört. Aber das großartige Renaissance-Grabmal aus Marmor von Edo Wiemken dem Jüngeren, dem 1511 verstorbenen Vater von Fräulein Maria, steht noch an seinem Platz in der Kirche. Wer etwas über die bäuerliche Geschichte des Jeverlandes wissen möchte, erfährt im Schlossmuseum nicht nur etwas über die herrschaftliche Geschichte, sondern auch, wie solide und prächtig die reichen Marschbauern gelebt haben.

Wer würdige Altväterlichkeit erleben will, sollte das Haus der Getreuen besuchen und im Bismarck-Zimmer speisen. Mit einem Jever-Bier dazu.

84

Schlossmuseum Jever
Schlossplatz 1
26441 Jever
04461 969350
www.schlossmuseum.de

Altstadtbrauerei Marienbräu
Apothekerstraße 1
26441 Jever
04461 744990
www.marienbraeu.com

HOCHVEREHRT: DAS FRÄULEIN MARIA

Schloss

Die bekannteste Gestalt in der Geschichte der Stadt ist Fräulein Maria von Jever. Sie war die letzte Regentin aus dem Häuptlingsgeschlecht der Wiemken. Häuptlinge, so hießen die Herrscher der Friesenstämme, das klingt kaum nach vornehmer Fürstlichkeit, sondern eher nach Wikingern oder Indianern. Ähnlich kämpferisch muss man sie sich wohl vorstellen. Der erste Häuptling Edo verheiratete seine Schwester mit einem benachbarten Häuptling, der sie aber vernachlässigte und dann eine andere Frau heiratete. Die Streitereien, die darauf folgten, schlichtete der Erzbischof von Bremen, der dabei nicht zimperlich war: Er lieferte auch militärische Feinde an deren persönliche Feinde aus. Das Ende des Ehebrechers war fürchterlich, aber dem Schwager Edo ging es nicht besser, er wurde gefangen genommen und starb einen elenden Pesttod.

Fräulein Maria erbte das Amt von einem Nachkommen Edos. Sie beschäftigt die Fantasie der Bevölkerung noch heute. Sie verweigerte eine Ehe, die ihr von machtgierigen Ostfriesländern aufgezwungen werden sollte, gleich ob mit jungen oder alten Grafen, nahm sich sogar die Freiheit, eine heimliche Bindung einzugehen. Mit ihrem Tod erbte das Jeverland der Oldenburger Graf, ein Neffe ihrer Mutter. Nachdem ihr Bruder vergiftet worden war, soll sie immer ein Panzerhemd getragen haben. Getraut hat sie nur ihrem Verwalter, der vielleicht mehr war als das. Außerdem hat sie so weise regiert, dass es noch heute ihr zu Ehren das Marienläuten gibt, die Glocken läuten jeden Abend um 9 Uhr im Winter und um 10 Uhr im Sommer. Manche munkeln, das gebe ihr die Möglichkeit, durch einen unterirdischen Gang, der vom Schloss hinaus zu ihrem Sommersitz Marienhausen führt, zurückzukommen, um ihre Regentschaft erneut zum Wohle Jevers anzutreten.

In Marias Audienzsaal gibt es eine geschnitzte Eichenholzdecke, größte Kostbarkeit im Schloss. Und in der Apothekerstraße wird in ihrem Namen Bier gebraut.

35

Burg Kniphausen
Fedderwarder Landstraße
26388 Wilhelmshaven

Reichsfreie Herrlichkeit im Norden

Burg Kniphausen

Nördlich von Wilhelmshaven, nicht weit von Sengwarden, gibt es eine Burg, die das geschichtliche Wechselspiel im Oldenburger Land, das mich so sehr fasziniert, besonders gut symbolisiert. Zwar ist sie nicht mehr vollständig erhalten, nur Gräben und Wälle und Reste der Vorburg.

Erbaut wurde sie von friesischen Häuptlingen. Mehrfach belagert und zerstört. Als sie nach einem Streit mit Fräulein Maria von Jever den Oldenburger Grafen zufiel, gehörte die »Herrlichkeit« (genau so nannte es sich früher) zum Erbe des Grafen Anton Günthers, dieser vermachte sie seinem unehelichen Sohn Anton von Aldenburg, der allerdings vom Kaiser selbst legitimiert wurde. Er ließ die Wehranlagen befestigen und umbauen. Anton von Aldenburgs Witwe erreichte 1693 beim Kaiser in Wien die Reichsfreiheit für Kniphausen, sodass sie sogar Schiffe unter eigener Flagge fahren lassen durfte, was natürlich den Vorwurf der Seeräuberei nährte. Doch es lief nicht immer so glatt: 1708 zerstörte ein großer Brand Kniphausen, den nur das Torgebäude und der Marstall überdauerten.

Anton Günthers Enkelin Charlotte Sophie, 1715 geboren, heiratete 1733 den englischen Grafen Bentinck, der dann die Reichsgrafenwürde über Kniphausen erhielt. Das aber verhinderte die Scheidung nicht, worauf sie als Erbin allein regierte, bis ihre Söhne volljährig waren. Dabei lebte sie sehr eigenwillig und ohne Rücksicht auf Gerede: Selbst der preußische König Friedrich der Große, an den sie sich gewandt hatte, um zu verhindern, dass ihr geschiedener Mann ihr die Herrschaft nehmen konnte, beschwerte sich über ihren Lebenswandel. Schließlich aber verlor sie Kniphausen im Scharmützel mit dem König von Dänemark, der als Graf von Oldenburg zuständig erklärt wurde, den Streit beizulegen. Charlotte Sophie starb 1800 in Hamburg.

Dic Familie Bentinck blieb in Kniphausen und überstand alle militärischen Wechsel von Holländern, Russen, Preußen und Franzosen. Napoleon übersah einfach, dass von einem unbewachten Hafen des winzigen »Fliegenschisses«, wie er das reichsunabhängige Duodezfürstentum nannte, Handel betrieben werden konnte. Der Reichsgraf Wilhelm Gustav Friedrich ließ sogar eigene Silbermünzen prägen. Er machte die Story vom Grafen, der eine Magd heiratete, wahr. Als Witwer lebte er mit der jungen Sarah Margarete Gerdes, heiratete zunächst nicht, da er aus erster Ehe einen Sohn hatte, der erbberechtigt war. Die junge Frau mauserte sich zur Verwalterin der Burg und hielt treu zu ihm, auch als er politisch verfolgt wurde. Als der Sohn aus erster Ehe verstarb, heiratete der Graf sie in der Kirche zu Accum, einem Rechteckbau von 1719, wo das Grabmal des 1565 verstorbenen ersten Tido von Inn- und Knyphausen in schwarzem Marmor gehauen steht. Sie ist die einzige reformierte Kirche im Oldenburger Land.

Auf Dauer ließ sich jedoch nicht verhindern, dass die Erben gezwungen waren, auf Kniphausen zugunsten von Oldenburg zu verzichten. Beteiligt war Preußen, das im Jadevertrag von 1853 das Gebiet des heutigen Wilhelmshaven kaufte. Die Zeit der Reichsfreiheit des winzigen Zwergenstaates war längst vorbei.

Heute gehört das geschichtsträchtige Kniphausen zu Wilhelmshaven-Fedderwarden. Im Ahnensaal wurden bis vor kurzem Ausstellungen gezeigt, Konzerte gegeben, Lesungen veranstaltet, ein reiches Kulturleben fand statt, von dem die nahen Wilhelmshavener wie auch die Jeveraner profitieren – hoffentlich auch in Zukunft. Obwohl die Autobahn ganz nah ist, bleibt Kniphausen ein idyllischer Ort.

Der in Oldenburg geborene Schriftsteller Klaus Modick ist ein häufiger Gast. In der Geschichte der Burg würde er Stoff für einen neuen Roman finden können. Auch wenn die Burg zur Zeit nicht zu besichtigen ist, so doch die Außenanlagen.

86

JadeWeserPort-InfoCenter
Am Tiefen Fahrwasser 11
26388 Wilhelmshaven
04421 7719091
www.jadeweserport-infocenter.de

EINE ZUKUNFTSMUSIK

JadeWeserPort

Es gibt Städte, in die verliebt man sich auf den ersten Blick. Wegen einer pittoresken Altstadt, wegen großartiger Paläste, aber man verliebt sich auch auch in ein historisches und gleichzeitig lebendiges Flair. Ich gebe zu, als Lieblingsplatz hat Wilhelmshaven es auch bei mir schwer gehabt. Ich habe es erst vor Kurzem entdeckt und dann war der Funke übergesprungen! Die einzige größere Stadt an der deutschen Nordsee, die immer am Meer liegt. Die anderen befinden sich an Flüssen oder am Watt.

Für mich ist Wilhelmshaven Boomtown. Eine Stadt, die alles auf das Morgen setzt, auf Besseres. Nirgendwo sonst in Deutschland spüre ich eine solche Goldgräberstimmung. Kaum eine Stadt in Deutschland, mit der so viele Erwartungen an die Zukunft verknüpft werden – und wurden: Meine Mutter war 1939 dorthin als junge Fürsorgerin versetzt worden, sie kannte niemanden. Bei einem Besuch Adolf Hitlers lernte sie meinen Vater kennen, weil auch er nicht so enthusiastisch jubelte.

Viele Städte sind stolz auf ihre Geschichte. Die Wilhelmshavener hingegen tragen den Kaiser Wilhelm I. im Namen, viele empfinden die militärische Vergangenheit als Makel. Aus einer Position der Stärke heraus wurde die Stadt in der Mitte des 19. Jahrhunderts gegründet, weil hier Schiffe mit großem Tiefgang und später U-Boote direkt anlegen konnten. Im Zweiten Weltkrieg blieb im Bombenhagel fast nichts übrig von der Stadt. Nur die Vororte, früher selbstständige Dörfer, bieten heute urige, beliebte Wohngebiete, mit dem Meer verbunden durch Siele und ihre Häfen. Das Militär hat an Bedeutung verloren, aber nun setzt die Stadt alles auf Handel und den neu ausgebauten Hafen für Tankerriesen und Containerschiffe, die zu groß für Bremen und Hamburg sind. Ihre Fracht kann dreifach verladen werden: auf die Schiene, auf die Straße oder kleinere Schiffe, die damit durch den Nord-Ostseekanal schippern können.

Den JadeWeserPort kann man besichtigen. Obwohl der Hafen noch nicht voll ausgelastet ist, sollen die Hafenanlagen erweitert werden.

87
Burg Kniphausen
Fedderwarder Landstraße
27388 Wilhelmshaven

VON DER GELIEBTEN ZUR WEISSEN FRAU

Burg Kniphausen: Die Sage von Frau Benlop

Der Butjadinger Häuptling Lübbe Onneken war nicht zimperlich. Einen Mann hatte er erschlagen, floh vor der Bestrafung und heiratete auf der anderen Seite des Jadebusens die Schwester des Häuptlings von Jever, kaufte Land und baute die Burg Kniphausen.

Frau Benlop war zusammen mit Lübbe Onneken aufgewachsen, der inzwischen mit Frau und Sohn auf Burg Kniphausen lebte. Angeblich sehr glücklich, wie es hieß. Warum nicht mit mir, dachte Frau Benlop neidisch, als sie davon hörte und besuchte ihn. Auch sie war ansehnlich und konnte mit ihm sogar Kindheitserinnerungen austauschen. Sie sagte: »Weißt du noch …«, und wurde so seine Geliebte. Bald hatte Lübbe auch von ihr einen Sohn. Ihm gefiel dieses Leben mit zwei Frauen, aber Frau Benlop dachte an das Erbe, wenn sie die beiden Knaben nebeneinander spielen sah.

Daher vergiftete sie ohne viel Federlesens die Ehefrau, als Lübbe gerade auf Kreuzzug nach Jerusalem unterwegs war. Als er zurückkehrte, musste er Frau Benlop ganz schnell heiraten, weil ihm der Bischof unsittlichen Lebenswandel vorwarf. Daraus zog Lübbe den Schluss, dass ein Ritter nur Geliebte haben durfte, wenn er auch eine rechtmäßige Ehefrau hatte. Sobald er mit Frau Benlop verheiratet war, nahm er wieder eine Geliebte. Frau Benlop verzichtete darauf, diese zu vergiften, das wäre zu sehr aufgefallen.

Den ersten Sohn hatte sie beizeiten aus der Burg geekelt. So erreichte sie, dass ihr eigener Sohn nach Lübbes Tod Rittergut und Titel erbte, aber sonst hatte sie nicht mehr viel Freude im Leben und nach dem Tod schon gar nicht. Jede Nacht muss sie wiederkommen wie das Unheilskäuzchen. Türen öffnen und schließen sich bei Nacht auf Burg Kniphausen. Hindurch geht eine weiße Frau mit klirrendem Schlüsselbund.

38

Strandspaziergang
Startpunkt: **Deutsches Marinemuseum**
Südstrand 125
26382 Wilhelmshaven
04421 400840
www.marinemuseum.de

Tourist-Information
Ebertstraße 110
26382 Wilhelmshaven
04421 913000
www.wilhelmshaven-touristik.de

Urlaub wie im Süden

Strandspaziergang

Wilhelmshaven hat einen Südstrand an der Nordsee, zwar ohne Sand, aber seinem Namen treu! Im nach Süden liegenden alten Hafenteil kann es die Promenade mit jeder Großstadt aufnehmen. Der Blick geht über den weiten Jadebusen, auf die Spitze Butjadingens und ein Stück Meer, auf jeden Fall immer auf Wasser. Der Deich ist begrünt, im Sommer voller Strandkörbe und es geht auf glatt verlegten Steinen neben dem grünen Deich mit Geländern ins Wasser hinab. Wen soll man mehr beneiden: die Badenden oder die Flaneure oberhalb? Dort reihen sich Cafés, Hotels und sehenswerte Museen wie das Wattenmeerhaus, das Marinemuseum und das Aquarium aneinander.

Das Blau der See wetteifert mit dem Blau der Kaiser-Wilhelm-Brücke, die 1907 als damals größte Drehbrücke Europas in Betrieb genommen wurde und den Weg vom Hafen in die Stadt verkürzt. Leuchtend grüßt das Rot des Feuerschiffs Weser am Bontekai, in dem man sogar übernachten kann, ein Stück weiter das Küstenmuseum, das alles Wissenswerte bietet über die Stadt und ihre Bewohner. Einen Seglerhafen gibt es und luxuriöses Wohnen am Hafen ist beliebt. Ich war erstaunt zu erleben, welche Abwechslungen Wilhelmshaven den Besuchern und Bewohnern bietet. Sogar ein Rosarium im Stadtpark, wo ich vergesse, dass ich in einer Stadt am Meer bin und mich Züchtungen wie Novalis oder Schwarze Madonna berauschen. Zugegeben: Es ist nicht gerade so, dass man sich Berlin schenken kann, aber hier stehen immer noch Villen, die aus der Kaiserzeit stammen und nach Berliner Vorbild gebaut wurden.

Nördlich vom JadeWeserPort, an den zur Entwässerung des Landes dienenden Sielen, liegen Urlaubsdörfer wie Hooksiel, Horumersiel und Schillig. Dort kann keiner eine Insel vermissen, denn weite Dünenlandschaft und Sandstrände mit Blick auf Wangerooge haben alles, was Urlaub schön macht.

Im Nordseeaquarium gibt es ein großes Becken für die Seehunde. Durch eine Glaswand kann man die possierlichen Tiere beobachten.

39

Der Alte Leuchtturm steht seit mehr als 150 Jahren

Inselmuseum Alter Leuchtturm
Zedeliusstraße 3
26486 Wangerooge
04469 8324
www.leuchtturm-wangerooge.de

INSELWANDERIN NACH OSTEN

Alter Leuchtturm

Nach Wangerooge fährt man nicht, man reist. Egal woher jemand kommt, umsteigen muss selbst der Autofahrer. So entwickelt sich ein ganz anderes Inselgefühl als zum Beispiel auf Sylt, wohin jeder Luxusschlitten mitgenommen werden kann. Am besten ist gleich die Anfahrt mit der Eisenbahn, denn zugänglich ist die östlichste der Ostfrieseninseln nur per Schiff und Inselbahn. Natürlich gibt es auch die Fluglinie Harle-Wangerooge, aber auch da kommt man ums Umsteigen nicht herum. Wer sich dem Westturm, der standhaft den Horizont prägt, mit der Fähre nähert, wer am Anleger die wartende Inselbahn nimmt, um dann am Bahnhof auszusteigen und das Gepäck mit einem Handwagen zum Hotel zu ziehen, der erlebt keinen Transport, sondern ein Ankommen in Beschaulichkeit. So war Reisen. So sollte es sein, immer noch ein echter Gewohnheits- und Tapetenwechsel.

Wangerooge ist die einzige Insel, die einmal zum Oldenburger Land gehörte. Der Großherzog und sein Hof machten im 19. Jahrhundert hier Urlaub, als das Badeleben begann. Gerade war der Kaiserhafen Wilhelmshaven gegründet und die kaiserliche Flotte veranstaltete eindrucksvolle Manöver vor der Insel. Im Upstalsboom Strandhotel Gerken machen sie heute noch darauf aufmerksam, dass der Großherzog alles von seinem Fenster aus beobachtet hat. Das Domänenamt Oldenburg, das den landeseigenen Grundbesitz verwaltet, vertritt auch auf Wangerooge den letzten institutionell rein oldenburgischen Bereich im Land Niedersachsen – abgesehen von der Landeskirche. Das »e« am Ende des Namens gibt es erst seit 1885, verfügt von der Oldenburgischen Regierung, aber von den Wangeroogern als Willkürakt empfunden.

Heute noch ist Wangerooge eine einzigartige Mischung zwischen Meer und Hafenmündung. Am Horizont ziehen die riesigen Pötte aus aller Welt vorbei, und nachts reihen sich die beleuchteten Frachter wie Perlen über die dunkle Meerhaut. Aus der Entfernung sehen selbst Container romantisch aus, wenn sie auf die Einfahrt in die Seehäfen an Weser und Elbe warten. Dieses Spektakel ist mir als elbgewohnter Wahlhamburgerin viel vertrauter als das Windmühlengewimmel auf Sylt. Und Schweinswale gibt es auf Wangerooge auch.

Urkundlich erwähnt als Jeverscher Besitz wurde Wangerooge erstmals 1327. Durch die wechselhafte Herrschaftsgeschichte Jevers gelangte Wangerooge dann ins Erbteil Oldenburgs und deren mit Dänemark, Anhalt-Zerbst und Russland verbundener Regierung. 1818 wieder oldenburgisch, wurde die Insel schon ein Jahr später als Seebad ausgebaut, denn der Badebetrieb bestand seit 1800, zuerst mit 19 Fremdenbetten. Die Insel, deren Boden immer weiter nach Osten wanderte, wurde seit 1874 befestigt, denn keiner wollte riskieren, dass das neu gebaute Wilhelmshaven wieder versandete. Insgesamt dreimal musste das Dorf neu aufgebaut werden, der Ostanleger in den Westen verlegt.

Der Alte Leuchtturm, 1855 erbaut, jetzt ein Heimatmuseum, ehemals auf der Ostseite zur Orientierung der Schifffahrt in die Wesereinmündung, liegt jetzt mitten im Dorf. Dort kann man seit 1996 heiraten, 150 Stufen hoch. In der ehemaligen Wachstube der Leuchtturmwärter befindet sich ein Trauzimmer, das sieben Stühle bietet. Von weit her reisen die Paare an und kommen dann wieder als Familiengäste ins kinderfreundliche Wangerooge. Neben dem Turm bietet Wangerooge eine weitere Sehenswürdigkeit: die letzte Dampflok von 1929. Das ist schon einigermaßen erstaunlich, da die Insel nicht nur durch Sturmfluten bedroht ist, sondern auch im Zweiten Weltkrieg fast völlig zerstört wurde. Zum Glück waren die meisten Einwohner evakuiert, so wie schon einmal in der Geschichte, als die Wangerooger im 19. Jahrhundert wegen ständiger Sturmflutgefahr ausgesiedelt wurden. Noch heute gibt es ein Klein-Wangerooge in der Nähe von Varel. Nach den nötigen Befestigungsarbeiten auf der Insel kamen übrigens auch Menschen aus ganz Norddeutschland, deshalb wird kaum noch Platt gesprochen.

Ein Platz hoch in den Dünen hat mich außer den Bunkerresten, die sich überall finden, nachdenklich gemacht: Zwischen Heckenrosen verborgen lugt ein großes Kreuz hervor, darunter liegt eine Gedenkstätte für die gefallenen Soldaten. Und wer noch mehr wissen will über die Lebensräume, die Wangerooge bereithält – Düne und Watt, Strand und Schlick – der sollte unbedingt das Nationalpark-Haus im Rosenpark besuchen.

Wangerooge ist ein Paradies für Radfahrer, dort stören keine Autos. Doch auch Surfer und Kiter lieben es als »Hawaii der Nordsee«.

Nationalpark-Haus Wangerooge
Friedrich-August-Straße 18
26486 Wangerooge
04469 8397
www.nationalparkhaus-wattenmeer.de

40

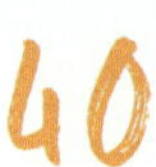

Café Pudding
Peterstraße 15
26486 Wangerooge
04469 220
www.cafe-pudding.com

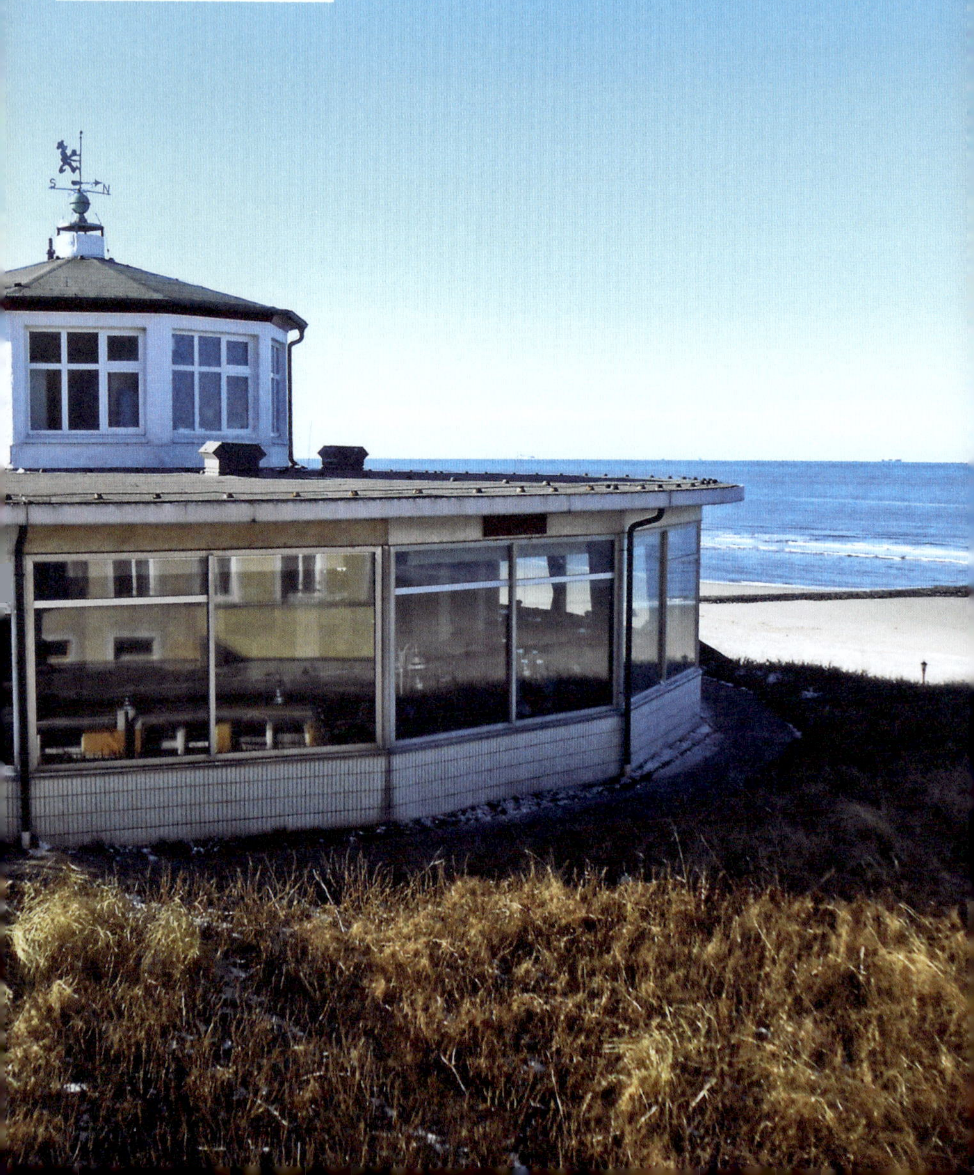

EIN RUNDES WAHRZEICHEN

Café Pudding

Es gibt mehrere Wahrzeichen in Wangerooge. Der Westturm war früher ein Kirchturm, dann benutzt als Leuchtfeuer, das mit Öllampen betrieben wurde. Vor dem Ersten Weltkrieg wurde er gesprengt, um feindlichen Schiffen die Orientierung zu erschweren. 1932/33 wurde er nach altem Vorbild wiederaufgebaut und dient heute als Jugendherberge und Mittelpunkt einer kleinen Feriensiedlung. Auf ihn mochte Wangerooge als Wahrzeichen ebenso wenig verzichten wie später auf das Café in der Ortsmitte vor dem Badestrand.

Auch das Café Pudding hat eine militärische Geschichte. Es war eine Dünenbake für die Küstenschifffahrt und wurde ebenfalls zu Anfang des Ersten Weltkrieges abgebrochen. Aber der Name blieb: Dünenbakenhügel, zugegebenermaßen eine etwas umständliche Bezeichnung. Ein Bäckermeister errichtete nach dem Zweiten Weltkrieg dort einen Kiosk und weil der Hügel wie ein Pudding aussah, fand man diesen Namen, der schnell populär wurde. Heute bildet der Rundbau an prädestinierter Stelle, hoch gelegen am Ende der Hauptstraße und über dem Badestrand, das sommerliche Zentrum. Auch im Winter, wenn nicht so viele Gäste auf der Insel sind, erklimmen alle einmal den Strandkorb vor dem Café, wo man einen Blick auf die Zedeliusstraße hat und wenn man es umrundet, das Meer vor sich liegen sieht. Den Kuchen muss man dann woanders essen, aber das Café bleibt auch so in Erinnerung. Im Sommer dagegen verzichtet wohl kein Urlauber auf den Blick von oben und vor allem nicht auf die süßen Köstlichkeiten, die dort serviert werden.

Die gemauerte Steintreppe zum Strand ist ebenfalls beliebtes Fotomotiv. Die Uhrzeit lässt sich an dem kleinen Turm ablesen, der vor den Treppen zum Strand steht, aber auch die Anzeige der Windstärke und ein Psalmspruch schafft Ehrfurcht vor dem nassen Element im Hintergrund.

Wer im Sommer Ruhe haben will, findet sie weder im Café Pudding noch auf der Strandtreppe, aber schon nach wenigen Schritten in den Dünenwegen.

41

Monte Pinnow
Bahnhofstraße, Kreuzung Ladestraße
26452 Sande
04421 699075 (DAV Sektion Wilhelmshaven)
www.dav-wilhelmshaven.de

Bergsteigen am alten Bunker

Kletterturm *Monte Pinnow*

Einem Bunker möchte man normalerweise den Rücken zeigen. Erinnerungen an den Krieg sind nicht willkommen. Wie kann ein solcher zu einem Platz werden, den man ins Herz schließt? Nun, wenn er so massig, so grotesk schief ist, so ulkig mit Kletterseilen und -haken bestückt ist wie der in Sande, dann schon.

Wer dort aus dem Zug steigt, auf der Weiterfahrt nach Wangerooge auf die Abfahrt des Tidebusses wartet, läuft staunend zu dem nahen »Monster«, das sich kriegsgrau in das Marschgrün und -blau des Himmels erhebt. Es wurde für die Ewigkeit gebaut. Solide aus dickstem Beton. Nach dem Zweiten Weltkrieg hatte man – zum Glück – keine Verwendung für einen Bunker, deshalb sollte er gesprengt werden. Die Sprengmeister kamen, aber der Bunker blieb. Er neigte sich nur zur Seite und so kommt es, dass nicht nur Pisa, sondern auch Sande in der friesischen Marsch einen schiefen Turm als Sehenswürdigkeit besitzt.

An manchen Orten werden diese grauen, unzerstörbaren Hochbauten als Disco genutzt. In Sande aber hat sich der Deutsche Alpenverein dort ein Domizil und Übungsgelände gesichert. Der Alpenverein, der sich bis in den Norden Deutschlands etabliert hat, pflegt nicht nur Wanderrouten in den Bergen, eine Oldenburger Sektion bietet auch Wanderungen für ihre Mitglieder an, die wohl in den Ferien jede Möglichkeit nutzen, in die Alpen zu fahren. Wandern ist auch im flachen Land möglich, in den sanften Hügeln der Geest an der Hunte entlang oder in den südlichen »Bergen« von etwa 140 Metern Höhe. Klettern kann man in den Baumschaukeln und -hängebrücken in den Kletterparks. Wo jedoch Klettern an einer Felswand üben? Dafür gibt es jetzt den Bunker in Sande, *Monte Pinnow* genannt, wo der Alpenverein seine Mitglieder für die Alpen oder sonst wo auf der Welt fit machen kann.

Südlich von Sande können in einem »Forest 4 Fun«-Kletterwald im Ferienpark Bernsteinsee in Wiefelstede/Conneforde alle klettern, die es lieber grün mögen.

42

Spaziergang durch die Altstadt
Startpunkt: **Museum im Landrichterhaus**
Brückstraße 19
26452 Sande-Neustadt-gödens
04422 4199
www.neustadtgoedens.de

DAS STÄDTCHEN ZUM SCHLOSS

Spaziergang durch die Altstadt Neustadtgödens

Das Schloss Gödens ist in Privatbesitz. Zwar lockt ein großer Parkplatz, den Park durch das Prachttor zu betreten, aber das Schloss, umgeben von Wassergräben, bleibt unzugänglich. Es könnte sicher ein Lieblingsplatz sein, wäre da nicht das dazugehörende Neustadtgödens. Was ist schon ein Schloss gegen ein historisches Städtchen? Eine geschwungene Straße mit altem Tonziegelpflaster, in der Biegung eine Kirche, zu beiden Seiten Handwerkerhäuschen, von den Bewohnern gepflegt und beim 400-jährigen Bestehen mit bunten Schildern ihrer ursprünglichen Berufe geschmückt: Bäcker, Schneider, Tuchmacher.

Die Geschichte der Stadt hat viele Besonderheiten, deren Spuren sich heute noch zeigen. Einst lag sie direkt an der Nordseeküste und besaß einen Hafen, aber durch Deich- und Dammbau verschlammte er und schnitt den Ort von der Küste ab. Zunächst unter ostfriesischer Herrschaft wurde die Stadt durch Fräulein Marias Schenkung oldenburgisch. Der Vater von Graf Anton Günther, Graf Johann, trieb den Deichbau am »Schwarzen Brack« der Antoni-Flut 1511 voran. Die Prozesse wegen der Errichtung eines Weges zwischen Oldenburg und dem Jeverland gingen bis zum Reichskammergericht. Doch die Kleinstaaterei verhinderte im Zeitalter des Absolutismus jede Einigung.

Nach der Reformation waren die Oldenburger Grafen Protestanten geworden und versuchten dies streng durchzusetzen. Die toleranten Bewohner Neustadtgödens, wo seit jeher Reformierte, Katholiken, Lutheraner, Mennoniten und Juden zusammenlebten, widersetzten sich und so gab es im 18. Jahrhundert bereits wieder eine katholische Kirche im nordischen Protestantenland, wenig später eine Mennonitenkirche und eine Synagoge. Die Protestanten und Katholiken bewiesen, dass die Gräben des Dreißigjährigen Krieges langsam zugeschüttet waren und außerdem, dass auch Minderheiten in diesem nördlichen Flecken Deutschlands eine Chance auf ein normales Leben hatten. Die Mennoniten gehören zu den Täuferkirchen, die die Kindstaufe ablehnen und in den Niederlanden verfolgt wurden. Sie wanderten in die ganze Welt aus, vor allem nach Amerika und Russland. Heute noch gibt es Splittergruppen, die eine altmodische Sprache sprechen und – wie etwa die Amish – wie vor 300 Jahren leben. In Neustadtgödens arbeiteten die Mennoniten vor allem als Leinenweber, die Juden trieben Handel. Als ihnen 1852 der Bau einer Synagoge gestattet wurde, war jeder vierte Bewohner in Neustadtgödens jüdischen Glaubens. Stolz präsentiert ein Verein die Geschichte der Toleranz im Museum des ehemaligen Landrichterhauses, auch wenn heute weder Mennoniten noch Juden in Neustadtgödens leben.

Der Schlossherr von Gödens verlieh der Gemeinde bis 1743 die Gerichtsbarkeit, was von der eigenständigen Bedeutung der kleinen Stadt zeugt. Daher das bis heute sogenannte Landrichterhaus. In einem Waagehaus am früheren Hafen wurde alles gewogen und auch der Zoll für den Grafen eingesammelt.

Heute ist Neustadtgödens ein hübsches Wohnstädtchen vor den Toren Wilhelmshavens. Den möchte ich sehen, der nicht in einer solchen Bilderbuchstadt leben möchte. Rundum das weite Land, Mühlen, das Meer hinter dem Deich. Sehr zu empfehlen sind historische Ortsführungen mit einem verkleideten Grafen höchstpersönlich.

Um auf das Schloss zurückzukommen: wahrhaft eine »Herrlichkeit«, von holländischen Baumeistern erbaut, barock, aber noch mit Renaissanceelementen und -schmuck. Es soll ein kostbares Inneres haben, doch die Grafen von Wedel, die es besitzen, müssen dort natürlich auch wohnen – so gibt es für den normalen Besucher kaum Gelegenheiten nachzuprüfen, in welchen Blickachsen die Sicht von innen nach außen verläuft. Das Grafenpaar veranstaltet aber regelmäßig im Park die beliebten Landpartien und einen Weihnachtsmarkt gegen Eintritt. Von jeder Seite ist es zu betrachten, schwarze und weiße Schwäne ziehen majestätisch über die Wassergräben. Angebaute Holzterrassen geben auch der Herrschaft ein intimes Freigelände am Wasser. Lauschige Gäste-, Bedienten- oder Gärtnerhäuser empfangen in der Weihnachtszeit die Käufer, im Sommer mag ich es, mich in den hinteren, nicht ganz so gepflegten Park zu verziehen.

Die Autorin Regine Kölpin lebt im Städtchen und führt auf Lesungen zu den historischen Plätzen, die in ihren Krimis und historischen Romanen auftauchen.

48

St.-Georgs-Kirche
Hauptstraße 20
26388 Wilhelmshaven-Sengwarden
04423 991140
www.kirche-sengwarden.de

MIT EINEM CHORAL GEGEN DEN TEUFEL

St.-Georgs-Kirche: Die Sage von Pastor Crome

Die Wilhelmshaven nahe »Herrlichkeit« Kniphausen steckt voller Geschichten. Von 1752 bis 1802 gab es in Sengwarden, einem nahegelegenen Ort, einen Pastor Crome, der in der hoch aufragenden Wurtkirche predigte. Als er seinen schwarzen Amtsrock einmal aus Versehen zerriss, konnte seine Frau vor dem Gottesdienst das Loch zwar noch rasch zunähen, aber nicht verhindern, dass der Teufel dort einen Zugang fand.

Pastor Crome spielte gern Karten im Wirtshaus. Eines Abends kam ein vornehm gekleideter Herr dazu. Als er zum Mitspielen aufgefordert wurde, stimmte er begeistert zu. Da fiel eine Karte auf den Boden. Pastor Crome bückte sich, um sie aufzuheben, und was sah er unter dem Gewand des vornehmen Herrn herausragen: einen Pferdefuß. Da wusste er, wen er vor sich hatte, und verwickelte ihn in ein Streitgespräch. Zum Abschluss des Abends vertrieb er den unheiligen Gast mit einem Vaterunser.

Bald darauf fiel dem Lehrer am späten Abend nach einer Skatrunde ein, dass er vergessen hatte, die Turmuhr aufzuziehen. Als er die Kirche aufschloss, sah er plötzlich Pastor Crome auf der Kanzel stehen. War er betrunken? Schnell lief er ins Wirtshaus zurück und überredete seine Kumpane, mit ihm in die Kirche zu kommen. Dort sahen alle den Pastor auf der Kanzel, der ein Kauderwelsch sprach. Einer wurde zum Pastorat geschickt, dort sagte eine Magd, der Pastor sei schon schlafen gegangen. Der Lärm aber weckte ihn, er zog sich an und lief in die Kirche. Jetzt saß der Teufel in Cromes Gestalt an der Orgel und spielte Gassenhauer. Der Pastor setzte sich daneben und griff ebenfalls in die Tasten. Eine Weile spielten sie so gegeneinander an. Dann aber begann der Pastor einen Bachchoral zu orgeln »Wer nur den lieben Gott lässt walten«. Das war dem Teufel zu viel. Er verschwand in seiner wirklichen Gestalt – mit Gestank und Hörnern.

44

Jadebusen
Startpunkt für Strandspaziergang: **Tourismus-Service Nordseebad Dangast**
Edo-Wiemken-Straße 61
26316 Varel-Dangast
04451 91140
www.dangast.de

VON FLUTEN GESTALTET

Jadebusen bei Dangast

Überall an der Nord- und Ostsee sind die beliebtesten Ferienorte diejenigen, die von Künstlern entdeckt wurden. Diese hatten natürlich ein Auge für die landschaftlichen Schönheiten und besonderen Lichtverhältnisse am Meer. In Dangast malten die expressionistischen Künstler der »Brücke« im Sommer in den Jahren vor und nach dem Ersten Weltkrieg.

Der Jadebusen, diese Meereseinbuchtung, bei deren Erwähnung wir als Kinder immer lachten, hat seine endgültige Form erst nach einer Reihe von Sturmfluten erhalten. Wie überall an der Nordseeküste ist auch er abhängig von Ebbe und Flut. Ob Besucher auf eine schimmernde Wasserfläche oder ein braunes Schlammfeld blicken, immer wieder überrascht der Wandel. Deichwanderungen den Jadebusen entlang sind ebenso möglich wie Spaziergänge im Watt, aus dem plötzlich schwarze Gestalten auftauchen können, die sich im Schlamm gesuhlt haben. Und natürlich kann man baden, wenn auch flutabhängig. Und es ist sogar möglich, auf einem »Kaiserstuhl« aus Stahl im Watt, den dort ein Künstler 1984 errichtet hat, für kurze Zeit Herrscher von Dangast zu werden und dabei die Plastik »Frau Jade« an der Seite zu haben. Dabei besteht keine Gefahr, in die Gefilde der Fantasie abzudriften, trotz weitem Horizont, denn Wilhelmshaven und seine Industriebauten grüßen herüber, keinesfalls bedrohlich, sondern freundlich zeigend, dass etwas los ist in der Welt.

Vor allem die Oldenburger nutzen den Ort für Kurzurlaube. In etwa einer halben Stunde ist er mit dem Auto erreicht, aber auch angeschlossen durch Busverkehr. Hinter dem Deich locken Campingplätze, Hotels und Ferienwohnungen. Im Winter verschlafen, im Sommer voll, aber immer eine Reise wert, denn der Wechsel von Ebbe und Flut hat hier an der einzigen Steilküste der Nordsee einen besonderen Reiz.

Auf einer Wattwanderung kann man den Leuchtturm Arngast erreichen, der weithin sichtbar in seiner weiß-roten Bemalung 1909–1910 errichtet wurde.

45

Kurhaus Dangast
An der Rennweide 46
26316 Varel-Dangast
04451 4409
www.kurhausdangast.de

EIN HAUS AN DER KLIPPE WIRD KULT

Kurhaus Dangast

1984 brachte es der Grenzstein in Form eines Riesenpenis direkt vor dem Kurhaus in Dangast in die Bildzeitung. Inzwischen gilt er nicht mehr als anstößig, sondern als Kuriosität, mit der die Badegäste es akzeptieren, dass er nichts anderes sein soll als ein Symbol für die Verbindung von weiblichem Wasserprinzip und männlich geprägter Erde, also dem Wechsel der Gezeiten entspricht.

Das Kurhaus, seit 1804 auf einer mit einer Schutzmauer versehenen Steilküste gelegen, hat altertümliche Rundbogenfenster und sieht ein wenig sakral aus. Mit seinem legendär-leckeren Kuchenangebot – vor allem nachgefragt ist der Rhabarberkuchen – wird das Haus in der vierten Generation bewirtschaftet und gilt heute als Kult, Treffpunkt und Flohmarkt zugleich. An Sonntagnachmittagen im Sommer ist es schwierig, dort einen Tisch zu ergattern, aber manche lassen sich dann auch einfach im Gras nieder.

Berühmt sind noch die Zeiten, als Joseph Beuys hier Hof hielt. Sein Schüler Anatol Herzfeld ließ sich gleich im Ort nieder, ebenso wie viele professionell oder hobbymäßig Kunstschaffende. Ein Künstlerort ist Dangast aus Tradition. Anfang des 20. Jahrhunderts suchten Künstler nach Orten, die durch ihre Lichtverhältnisse und die Nähe zum Meer eine Atmosphäre bildeten, die ihnen künstlerische Impulse gaben. Dangast gehörte für die Künstler der 1905 gegründeten Künstlergemeinschaft »Die Brücke« dazu. Hier malten die Expressionisten Erich Heckel und Karl Schmidt-Rottluff, die heute in den berühmtesten Museen der Welt hängen. Und ihre Reproduktionen auf dem Dangaster Kunstpfad. Die Landschaftsmotive sind noch da wie Meer und Himmel. Einer der Künstler, der erst spät zu der Künstlergruppe stieß, blieb Zeit seines Lebens dort: Franz Radziwill. Das Kurhaus, auf vielen seiner Bilder abgebildet, ist Kunstgeschichte geworden.

Camping vor der Skyline von Wilhelmshaven ist nicht jedermanns Sache. Aber geradeaus in den weiten Horizont der Nordsee zu träumen bestimmt.

46

Franz Radziwill Haus
Sielstraße 3
26316 Varel-Dangast
04451 2777
www.radziwill.de

HEIMAT FÜR EINEN MALER

Franz Radziwill Haus in Dangast

Er wurde 1895 in der Wesermarsch geboren, erlernte das Maurerhandwerk und war das jüngste Mitglied der Künstlergemeinschaft »Die Brücke« in Berlin: Franz Radziwill. Als er 1922 auf Empfehlung von Karl Schmidt-Rottluff nach Dangast kommt, wird ihm schnell klar, dass dies der Ort mit idealen Bedingungen für sein Schaffen ist. Natürlich macht auch er wie alle Maler weite Reisen, die ihn quer durch Europa bis nach Brasilien führen, aber Dangast bleibt sein Lebensmittelpunkt, Schaffens- und Rückzugsort, bis er 1983 stirbt. Dort setzt das Licht, das sich am Meer und am Himmel in allen Schattierungen zeigt, seine schöpferischen Kräfte frei. In den Tropen empfand er dagegen eine »Gleichmacherei«.

Seine Gemälde hängen in den großen Museen, und in Oldenburg, wo er seine ersten und wichtigsten Erfolge feierte, ist ihm im Prinzenpalais ein ganzer Raum gewidmet. Flugkörper erscheinen am Himmel, Schiffsleiber schieben sich in zerstörtes Land, poetische Katastrophenbilder. Auch träumerische Zartheit in Menschenabbildungen.

Radziwill, ein Arbeiterkind vom Land, trat früh der NSDAP bei, bekam den Lehrstuhl in Düsseldorf, den vor ihm Paul Klee innegehabt hatte, wurde aber nach kurzer Zeit entlassen und bekam Malverbot. Zu düster waren seine Visionen. Er baute in der Zeit sein Haus aus. Davon lebten er und seine Familie in dem Ferienort, da sie es vermieten konnten. Das schönste seiner Bilder für mich ist die »Schönheit des Alleinseins«, wo ein einsamer Eisläufer auf der Hunte Schlittschuh fährt, in rosige Farben getaucht. Als hätte er eine Chance, den drohenden Flugzeugen am Himmel zu entkommen.

Sein Haus in Dangast, eine von ihm selbst erweiterte Fischerhütte, die versteckt liegt, mit Ornamenten in den Türkassetten und einem Kachelofen aus gesammelten friesischen Fliesen. Von einer Seite blickt es in Richtung Jadebusen, von der anderen auf den Dorfeingang.

Außer der Besichtigung von Atelier und Wohnräumen bietet das Haus Ausstellungen von Künstlern, die in einer Beziehung zu Radziwill stehen.

47

Waisenstift Varel
Waisenhausstraße 19
26316 Varel
04451 91310
www.waisenstift-varel.de

DAS SCHÖNSTE WAISENHAUS VON AUSSEN

Waisenstift

Zugegeben, ich hätte dort nicht wohnen mögen, in diesem herrlichen Prachtbau, der wie ein Schloss aussieht, mit Haupthaus und Flügeln, vom Park umgeben. Der uneheliche Sohn von Graf Anton Günther, dem aber doch einige Ehren und Titel zugefallen sind, hat dieses Waisenstift im 17. Jahrhundert der Stadt Varel im Andenken an seinen Vater überlassen. Was der wohl dazu gesagt hätte? Immerhin wurde Anton von Aldenburg mit Schloss Kniphausen belohnt.

Zurück zum Waisenstift, einem Renaissanceklinkerbau, mit barockem Stuck und Sandstein kunstvoll verziert. Zum Hof hin hängt eine Glocke über der Tür und jeder kann sich vorstellen, wie sehr die Kinder in diesem Haus auf ihren Ton gedrillt waren. Natürlich war es gut, elternlosen Kindern, von denen es in den Kriegs- und Elendszeiten damals genug gab, eine Heimat zu verschaffen. Bis zu 100 konnten dort aufgenommen werden. Aber was immer über Waisenhäuser gemunkelt wurde, strenges Reglement bis hin zum Missbrauch wird nicht erst in unserer Zeit ans Licht gekommen sein. Nur hat sich früher kaum jemand darum geschert.

Varel möchte nicht nur auf sein schmuckes Waisenstift reduziert sein. Hinter dem Haus liegt die Von-Aldenburg-Schule, benannt nach dem illegetimen Sohn des Grafen Anton Günther, eine staatlich anerkannte Ersatzschule in privater Trägerschaft. Varel ist ein liebenswerter Ort mit herrlichen Villen und einem kleinen, sehr stimmungsvollen Hafen, der aber nicht mehr viel Bedeutung hat, seit er verschlammte. Überwiegend Sportboote und ein paar Fischkutter liegen dort. Für die im 19. Jahrhundert ausgesiedelten Wangerooger wurde in der Nähe eine neue Heimat geschaffen, kleine Fischerhäuser in einer langen Reihe, aus denen die meisten gar nicht wieder wegwollten. Auch die Stadtmitte mit ihrer imponierenden Kirche aus dem 12. Jahrhundert nimmt für sich ein. Hier steht einer der berühmtesten Altäre von Ludwig Münstermann.

Varel liegt in der Friesischen Wehde, einer abwechslungsreichen Landschaft, die auf engem Raum alle Vielfalt enthält, die es im Oldenburger Land gibt.

48

Schwimmendes Moor
Startpunkt Wanderung:
Parkplatz Deichaufgang
zu den Informationstafeln
Bäderstraße 230
26349 Jade-Sehestedt

Nationalparkverwaltung Niedersächsisches Wattenmeer
Virchowstraße 1
26382 Wilhelmshaven
04421 9110
www.nationalpark-wattenmeer.de

Schwimmendes Moor bei Sehestedt

Sehestedt ist eine Enklave, die irgendwann verschwinden wird. Einzigartig in Europa. Im ganzen Raum des Jadebusens zerstörte das Meer diese »Moore am Meer« – hier blieb noch ein kleiner Rest, heute Naturschutzgebiet, drei Kilometer entlang des Sehestedter Außendeichsmoors. Gar nicht einfach zu entdecken, obwohl es so einmalig ist. Am besten man steigt bei Regen und Sturm den Deich hoch, und dann hinunter ins Moor. Ein struppiges Wald- und Heidegebiet, in das ein Bohlenweg führt, so wie vor Jahrtausenden gebaut, um Moore zu durchqueren. Bei strahlender Sonne und Hitze versagt die Vorstellungskraft, wie stark dieses Gebiet gefährdet ist. Bei stürmischem Wetter aber ist es leicht, ein vielleicht eingebildetes Schwanken zu spüren. Der weiche Boden am Rand des Weges ist wie ein schwammiges Polster, wenn eine Hand darauf drückt.

Die Birkenwildnis drum herum beeindruckt schon an und für sich. Dann mündet der Weg in eine Holzhütte, von wo man durch Beobachtungsschlitze die moorigen Tümpel sehen kann, die sich vor dem Meer gebildet haben, eine artenreiche Landschaft, wo seltene Vögel wie der Rotschenkel zu beobachten sind.

An den Informationswänden wird eindrucksvoll das Ende eines der letzten Bauernhäuser in Meeresnähe geschildert. In einer Sturmnacht schaffte der Bauer seine kostbare Sau ins Wohnzimmer, wo oben im Alkoven seine Frau mit Säugling und zwei kleinen Kindern lag. Das Wasser stieg und die Sau versuchte, ins Bett zu klettern. Nach vergeblichen Abwehrversuchen ließ der Bauer die Sau ins Bett, wo alle blieben, bis die Flut sank. Das wollte niemand noch einmal erleben. Heute sorgt eine Deichbefestigung dafür, dass der Jadebusen seine Form behält, aber das Schwimmende Moor davor wird hoffentlich noch viele Jahre die Menschen erstaunen.

Natürlich braucht es schon eine Sturmflut, um zu erkennen, wie die leichten Torfschichten des Moores aufschwimmen. Doch wer wagt sich dann schon da hin?

Typische Insel-Dünenlandschaft

49

Preußeneck
Am Strandbad
Eckwarderhörne
26969 Butjadingen-Eckwarden
Ecke Eckwarder Straße/
Zum Leuchtfeuer
www.butjadingen.de

Evangelisch-Lutherische Kirche St. Lamberti
Butjadinger Straße 9
26969 Butjadingen-Eckwarden
04736 233
https://wesermarsch.kirche-oldenburg.de

Pickelhauben im Störtebekerland

Preußeneck und Kirche St. Lamberti bei Eckwarderhörne

Dort wo der Jadebusen sich verengt gegenüber von Wilhelmshaven, bevor das weite Meer anfängt, liegt das Nordseebad Eckwarderhörne. Die Eigenart des Strandes, der in den Busen hineinragt, kann man in einer Hörschau erleben, die dem wissensdurstigen Touristen alles über die Gegend erzählt, während er auf die Skyline von Wilhelmshaven und den Port, aber auch südlich in den Jadebusen oder nördlich aufs Meer blickt. Hier wie in Wilhelmshaven war bis 1950 ein Stück Preußen, deshalb heißt es das Preußeneck. Die Meerenge sollte ja von beiden Seiten kontrolliert werden, deshalb hatte Kaiser Wilhelm sie 1860 den Oldenburger Herzogen abgekauft. An diesem Eck liebe ich den Vorposten zum Meer besonders bei Sonnenuntergang.

Wer den Deich nach Westen hinunterwandert, landet im Hafen von Eckwarden und steht irgendwann staunend vor dem Glockenturm der alten Wurtenkirche St. Lamberti. Ich empfehle, dort zu bleiben, wenn die Glocken läuten, der Klang berührt. So muss es beim Jüngsten Gericht klingen und ich kann gut glauben, dass die Glocke jeden Piraten bekehrt hat, denn hier soll einst ein Beutelager von Störtebeker gewesen sein, so heißt es. Ein Pirateneck war hier auf jeden Fall. Auf dem Friedhof steht noch ein Schandpfahl mit Ketten.

Die Kirche wurde 1450 gebaut, nachdem die Flut 1428 die bisherige Gemeindekirche von Aldessen verschlungen hatte. Innen hängt ein besonderes Epitaph an der Wand, barock geschwungen. Der berühmte Ludwig Münstermann hat es 1632 geschnitzt, er hat auch den alten Taufstein restauriert und den Altar gestaltet. Das Epitaph aber ist seine Meisterleistung. Der Vogt und seine Frau sind als Halbreliefs gearbeitet, sie sind sich freundlich zugewandt. Unten sieht man Särge, es sind die der ersten Frau und ihrer beiden Kinder.

Im Sommer gibt es von Juni bis August täglich eine Fährverbindung für Personen und Fahrräder von Wilhelmshaven nach Eckwarderhörne und zurück.

50

St.-Hippolyt-Kirche Blexen
Deichstraße 10
26954 Blexen
04731 31104
www.kirche-blexen.de

CHRISTIANISIERUNG AUF HANDELSWEGEN

St.-Hippolyt-Kirche

Am einem der nördlichen Punkte in der Wesermarsch liegt eine der ältesten Kirchen, Ausgangspunkt für die Christianisierung der gesamten Region. Die erfolgte nicht von Rom aus, sondern von Norden. Irische und schottische Mönche machten sich auf den Weg, um den heidnischen Germanen von Jesus zu erzählen. Wie der Bischof Willehad, der in Blexen zur Zeit einer Trinkwassernot der Legende nach eine Quelle mit seinem Stab aus der Erde sprudeln ließ. Der Brunnen, der später darum gebaut wurde, ist heute noch im Friedhofsgelände der St.-Hippolyt-Kirche zu finden. So mächtig wie heute war die Ursprungskirche sicher nicht. Bis zum Jahr 1000 war es nur eine Holzkirche. Aber ihre Lage, oben am Rande des Dorfes, lässt vermuten, dass die Menschen sich ihr immer ehrfürchtig genähert haben. Der jetzige Bau wurde im 11. Jahrhundert begonnen, eine massive romanische Kirche im Grünen. Die Innenausstattung stammt wie bei vielen Kirchen der Umgebung aus der Barockzeit, Altar und Kanzel aus der Werkstatt Ludwig Münstermanns von 1610 und 1637, dem bedeutendsten Künstler der gesamten oldenburgischen Region.

Jetzt betritt man den Friedhof und den Weg zur Kirche durch einen Torbogen, der erst einmal mit dem Leben Willehads bekannt macht. Er starb hier in Blexen auf einer Missionsreise im Jahre 789.

Für mich hat die Kirche eine besondere Bedeutung. Ich frage mich, wie mein Leben verlaufen wäre, wenn ich in dem zauberhaften Pfarrhaus nebenan aufgewachsen wäre. Das hätte im Bereich des Möglichen gelegen: Mein Vater hatte zwei Pfarrstellen zur Auswahl. Er wäre gern nach Blexen gegangen und seit ich die Kirche gesehen habe, kann ich das verstehen. Aber meine Mutter fand alles zu einsam und so entschieden sie sich für Delmenhorst, nahe an Oldenburg.

Hinter der Kirche liegen manchmal Kreuzfahrtschiffe auf der gegenüberliegenden Seite der Weser vor Anker. Sie scheinen unwirklich am Horizont zu schweben, ohne dass Wasser zu sehen ist.

51

Dieser Turm steht nicht im Friedeburgpark, sondern am Unions-Pier von Nordenham

Friedeburgpark
Am Stadtpark
26954 Nordenham

Nordenham Marketing & Touristik
Marktplatz 7
26954 Nordenham
04731 93640
www.garten-und-ambiente.de

INDUSTRIE UND LANDPARTIE

Friedeburgpark

»Auf zur Landpartie«, heißt es in den Dörfern und Städten der gesamten Region irgendwo jedes Wochenende im Sommer. Das klingt nach ausgedehnten Wanderungen, ist aber eher eine kommerzielle Angelegenheit. Zwar öffnen Privatgärten ihre Tore, es gibt Amüsements für Kinder und Erwachsene, aber in erster Linie werden Marktstände aus dem Umland oder von weiter her aufgebaut und zum Verkauf stehen Pflanzen, Obst und Gemüse, alle landwirtschaftlichen Produkte bis hin zu Dekorationsstoffen oder Keramik.

Auch in Nordenham hat sich eine solche Tradition etabliert. »Garten & Ambiente« nennt sich das Fest im Friedeburgpark zu Nordenham, gelegen an einem idyllischen See, eine stimmungsvolle Landschaft, die man im rauen Norden nicht erwartet. Sogar Besucher von der anderen Seite der Weser werden erwartet, dafür fährt, um zusätzliche Überquerungen vermehrt, die Weserfähre von Bremerhaven nach Blexen und umgekehrt. Mit Musik, Modenschauen, einem Feuerzauber zu klassischer Musik und einer Rosenberatung. Diese Blume wächst im fruchtbaren Wesermarschgebiet besonders schön. Zu essen gibt es natürlich auch.

Nordenham bietet mehr: ein Heimatmuseum in einem villenartigen historischen Schulgebäude, wo klar wird, dass auch Nordenham ein Auswandererhafen war, nicht nur Bremerhaven. Hier erfährt man alles über die Ochsenverschiffung: Im 19. Jahrhundert wurden die Ochsen durch die Stadt auf Schiffe verfrachtet und nach England transportiert. Der Beginn der Verbindung von Landwirtschaft und Werftindustrie.

Nordenham ist die größte der drei am linken Ufer der Weser gelegenen Städte und sicher die wirtschaftlich bedeutendste. Lebendigkeit ist garantiert. Auf dem Unions-Pier ist immer etwas los, am Weserstrand man kann sich sonnen, nur nicht in der Weser baden. Dazu ist der Hafen zu nah.

Wer sich für Militärgeschichte interessiert, der sollte das Museum in der Burhaver Straße 41 besuchen. Von der Turmplattform ist die Aussicht fantastisch.

52

St.-Matthäus-Kirche Evangelisch-Lutherische Kirchengemeinde Rodenkirchen

Schulstraße 5
26935 Stadland-Rodenkirchen
04732 8393
www.kirche-wesermarsch.de

ZUFLUCHT AUF WURTEN

St.-Matthäus-Kirche und schiefer Turm in Rodenkirchen

Auf den künstlich aufgeworfenen Erhebungen in den Dörfern an der Unterweser stehen mächtige Kirchen, gebaut auf einer Wurt oder Warft. Es sind Schutzgebäude mit dicken Ziegelwänden und, wie bei St. Bartholomäus in Golzwarden, einem einzelnen, leicht schief stehenden Glockenturm nebenan, auch er auf der Höhe, so wie der die Kirche und den Turm umgebende Friedhof. Auch die Toten sollten vor Hochwasserfluten, die sich regelmäßig über das Marschenland ergossen, geschützt werden. Bei Sturmflut versammelte sich in den Mauern die ganze Gemeinde um zu beten und zu hoffen, dass Hab und Gut in den tiefer gelegenen Bauernhöfen nicht weggespült würde und dass die Vorräte, die sie mitgenommen hatten, reichen würden, um zu überleben. Sogar Tiere nahmen sie mit in den Vorraum.

Wie viele bedeutende Kirchbauten gibt es im Oldenburger Land! Es mag Leute geben, die Beschreibungen dieser Orte zu sehr verankert im Christentum finden. Aber was würde unseren Dörfern ihr Gesicht verleihen, wenn die prächtige Architektur der Kirchen fehlte? Ich jedenfalls möchte nicht darauf verzichten, übrigens ganz unabhängig vom Glauben, mehr aus historischer Sicht. Die Natur ist das eine, die Kultur, geprägt durch das, woran Menschen glauben, das, was sie gestaltet hat, das andere.

In Rodenkirchen liegt etwas versteckt hinter den Häusern die St.-Matthäus-Kirche mit einem dünnen Türmchen, eine Festungskirche, in einer Kreuz-Hallen-Form um 1200 gebaut und im 17./18. Jahrhundert von der reichen Bauernschaft des umliegenden Stadlandes prächtig ausgestattet. Ebenso wie in Golzwarden hat die Kirche einen Ludwig-Münstermann-Altar. Ich gehe besonders gern an den kunstvoll gehauenen Grabsteinen auf beiden Friedhöfen vorbei, die den Stolz und Reichtum der einheimischen Familien zeigen.

In Rodenkirchens Mitte gibt es einen Platz, auf dem ein berühmter Pferdemarkt war. Dort steht die Hengsthalle, wo Ausstellungen und Märkte stattfinden.

58

Spaziergang durch die Altstadt

Startpunkt: **Schiffahrtsmuseum der oldenburgischen Unterweser e.V.**
Telegraph Brake
Kaje 8
26919 Brake
4401 6791
www.schiffahrtsmuseum-unterweser.de

HÜTERIN DER UNTERWESER

Spaziergang durch die Altstadt

Im Marschland an der Weser liegt Brake, eine Stadt, die ein reiches, fruchtbares Hinterland hütet. Die Weser trennt das gesamte Gebiet vom Einflussbereich der Freien und Hansestadt Bremen. Diese Trennlinie hatte große historische Bedeutung: Die Oldenburger Grafen, verfeindet mit den Ostfriesen, dem Münsterschen Bischof ebenfalls nicht gut gesonnen, waren zunächst abhängig von einer lockeren Allianz mit Bremen. Dort saß ihr zuständiger Erzbischof. Aber im Laufe der Zeit wuchs der Oldenburger Reichtum durch das außergewöhnlich fruchtbare Umland. Die Reformation verstärkte die Unabhängigkeit. Durch die Heiratspolitik gehörten plötzlich Teile von Schleswig-Holstein, Lübeck und Eutin zum Hause Oldenburg, ja, ganz Dänemark beherrschte Oldenburg 100 Jahre lang, sodass die Bürgerstadt Bremen sich umzingelt sah. Selbst im größeren Hamburg gehörte der jetzige Stadtteil Altona lange zu Dänemark. Brake und Elsfleth hatten beide große Bedeutung gegenüber Bremen, als die Weser im 19. Jahrhundert langsam versandete und alles auf Binnenschiffe umgeladen werden musste. Erst nach einer Weserbegradigung hatte das ein Ende, aber der Aufschwung der Region insgesamt blieb aus – durch die wachsende Industrialisierung.

Brake, ein wichtiger Umschlaghafen, war mir als Begriff immer bekannt, wenn auch viele Jahre nur als Station auf der ebenfalls nur durch Namen bekannten Zugstrecke nach Nordenham. Sprichwörtlich war das Selbstbewusstsein der Bewohner: Bauern, die im Einzugsbereich lebten, wesentliche Ämter innehatten, die Deiche kontrollierten, Lehrer einstellten und in den Kirchen eigene Sitze innehatten, große Grabstätten auf den Friedhöfen unterhielten wie Adelsfamilien – ähnlich denen im ebenso reichen Ammerland oder der Region südlich von Oldenburg. In der Region spricht man von einer »bäuerlichen Elite«.

Ausflugsschiffe setzen von Brake aus über Nordenham und Blexen nach Bremerhaven und eine Weserfähre von Golzwarden auf die andere Seite nach Sandstedt.

54

Die Personenfähre Guntsiet bringt Besucher auf die Weserinsel Harriersand

Fähre Guntsiet Brake–Harriersand
Fähranleger Brake
An der Kaje
26919 Brake (Unterweser)
www.guntsiet.de

Brake Tourismus und Marketing
Kaje 9
26919 Brake (Unterweser)
04401 19433
www.brake-touristinfo.de

LÄNGSTE FLUSSINSEL DEUTSCHLANDS

Harriersand

Von der breiten Uferpromenade aus, der Stadtkaje in Brake, sieht man auf die Weser, nein, auf eine Insel inmitten des Flusses. Elf Kilometer lang ist sie, für Braker und Touristen eine Lieblingsbadestelle, ein langer Strand, dazu ein Wäldchen und ein paar alte Bauernhöfe, auf denen man auch wohnen kann. Eine ruhige Naturidylle mit Blick auf die Skyline einer langgestreckten Stadt. Dahin kommt man mit einer Personenfähre, der Guntsiet, die von der Braker Stadtkaje, wie der Kai hier heißt, ablegt.

Harriersand vermittelt ein ganz anderes Inselgefühl als die Nordseeinseln. Auf der einen Seite laufen die großen Pötte zum Bremer Hafen. Auf der anderen Ausflugs- und Segelboote. Der Blick schweift weiter über das Stadt- und Hafenpanorama. Unübersehbar das Wahrzeichen Brakes, der Telegraph, der in solider Viereckigkeit von 1846 bis 1852 als optischer Telegraph in Betrieb war und der Übermittlung von Nachrichten entlang der Weser diente. Wer von den sommerlichen Freizeitvergnügen oder der Einsamkeit auf Harriersand genug hat, kann hinüberfahren und das Schifffahrtsmuseum besuchen, das bis vor kurzem im Telegraph beheimatet war. Im Kaufmanns- und Reederhaus Borgstede & Becker in der Breiten Straße 9 finden sich viele Informationen zur Schifffahrt, auch über Schiffsausrüstungen, für die Brake seit den Zeiten der Segel- und Dampfschifffahrt ein Zentrum war. Die alten Kontorhäuser in der Innenstadt machen das städtische Flair und überhaupt »das beste Stück Weser« aus, wie die Einwohner ihre Stadt liebevoll betiteln.

Beeindruckend sind die Hafenanlagen mit Kränen und Lagerhäusern, die höchsten Getreidesiloanlagen Europas. Sogenannte Duckdalben waren früher Anlegestellen aus Pfählen im Strom. In der Nähe der Fußgängerzone liegt auch das älteste Wohnhaus Brakes, das 1731 erbaute Fischerhaus mit erhaltenen Originalbalken.

Hafenrundfahrten muss man nicht nur in Bremen oder Hamburg machen, auch in Brake lohnt es sich, zu Land und zu Wasser den Hafen zu erkunden.

55

Glockenturm der **Martinskirche**

Rundgang durchs historische Zentrum
Startpunkt: **Handwerksmuseum Ovelgönne**
Breite Straße 27
26939 Ovelgönne
04401 81955
www.handwerksmuseum-ovelgönne.de

GESCHICHTSTRÄCHTIGES HINTERLAND

Rundgang durchs historische Zentrum

Ein Ort, nicht zu verwechseln mit dem direkt an der Elbe in Hamburg gelegenen Stadtteil. Aber ebenso sehenswert. Wie so viele Orte besticht er durch seinen Gesamteindruck. Ein Burgdorf, auch wenn von der Burg nicht viel übrig ist. Diese wurde 1514 vom Oldenburger Grafen Johann I. gebaut, um die besiegten Friesen in Schach zu halten. Ovelgönne verlor an militärischer Bedeutung nach dem Ende des Dreißigjährigen Krieges, die Burg wurde vernachlässigt, später geschleift und abgerissen. Das galt auch für die Schlosskirche. Ein Storchennest thront direkt in der Mitte auf einem Gestänge neben dem Handwerksmuseum. Im Gebäude befinden sich alte Techniken und Geräte und in der Schmiede oder im Sängerzimmer können romantische Hochzeiten gefeiert werden. Ach, die vielen Orte, wo man im Oldenburger Land heiraten könnte! Ich wüsste gar nicht, für welchen ich mich entscheiden würde. Ovelgönne liegt in der Wesermarsch, diesem reichen, wenn auch von Sturmfluten gefährdeten Gebiet. Nun, bis Ovelgönne hätte die Weser es zu weit.

Wir durchqueren den Judengang, von dem nichts mehr als der Name zeugt, nicht einmal der jüdische Friedhof, wohin man auch die Grabsteine aus der übrigen Wesermarsch gebracht hat. Viele Juden gab es in dem norddeutschen Bauernreich nicht. 1811 angelegt, bestand er nur bis 1930.

Die Kirche mitten im Ort muss man auch suchen, ich dachte, es sei das Rathaus, ein breites Haus mit einem kleinen Glöckchen droben. Aber es ist die 1809 erbaute evangelische Straßenkirche, nach dem heiligen Martin benannt. Traditionsgemäß hat die Stadt mit Pferden zu tun, es gibt eine historische Longierhalle, 1890 gebaut, aber natürlich auch eine den heutigen Bedürfnissen angepasste moderne Reithalle. Seit über 380 Jahren finden in Ovelgönne Pferdemärkte statt, sie beginnen am ersten Montag im September und dauern drei Tage.

Hier wurde 1677 die älteste Apotheke der Wesermarsch gegründet, die Burgapotheke. Die Tradition wird durch einen Heilpflanzenlehrpfad weitergeführt.

56

Spaziergang durch die Altstadt
Startpunkt: **Restaurant und Hotel Kogge**
Rathausplatz 7
26931 Elsfleth
04404 9599110
www.kogge-elsfleth.de

Tourist-Information Stadt Elsfleth
An der Kaje 1a
26931 Elsfleth
04404 50460
www.elsfleth-tourismus.de

STADT AN ZWEI FLÜSSEN

Spaziergang durch die Altstadt

Elsfleth ist einer der ältesten Orte an der Unterweser. Dort mündet der wichtigste Fluss Oldenburgs, die Hunte, in die Weser. Das Städtchen erlangte größere Bedeutung, als Graf Anton Günther von den vorbeifahrenden Schiffen einen Weserzoll verlangte. Alle Schiffe, die nach Bremen wollten, mussten erst einmal im Elsflether Hafen anlegen und den fälligen Zoll entrichten. Das begann 1624 und hatte fast 200 Jahre Bestand – bis 1820, was Elsfleth wohlhabend machte.

Als Ausgleich erreichte Elsfleth auf einem anderen Gebiet Bedeutung: durch seine schon 1832 gegründete Navigationsschule, heute Teil der Jade Hochschule Wilhelmshaven – Oldenburg – Elsfleth. Am größten maritimen Ausbildungsstandort von Deutschland kann man alles lernen, vom Schiffsmechaniker bis zum Kapitän. Gemeinsam mit der Stadt Brake, ebenfalls ein wichtiger Oldenburger Hafen, wird ein Schifffahrtsmuseum betrieben. Das ist in Elsfleth in einer wunderschönen Bürgervilla an der Weserstraße 14 untergebracht, der einstigen Villa Steenken, die der Stadt von dem Kapitän und Reeder H. W. Jansen geschenkt wurde.

Nicht weit vom Hafen steht das Denkmal des »Schwarzen Herzogs« auf dem Rathausplatz. Etwas verwundert schaut der Betrachter auf das Standbild in der hier wenig gebräuchlichen Form eines gotischen Tabernakels, das 1859 errichtet wurde. Es erinnert an den Herzog Friedrich Wilhelm von Braunschweig, der zur Zeit der Befreiungskriege mit seiner »schwarzen Schar«, so genannt wegen ihrer schwarzen Uniformen, gegen Napoleon kämpfte. Elsflether Schiffer verhalfen ihm zur Flucht mitsamt seiner schwarzen Truppen, um sich 1809 nach Helgoland in englische Hoheitsgewässer einzuschiffen. Das Ensemble bleibt jedem Besucher im Gedächtnis: Denkmal, Rathaus und ehemaliges Haus Visurgis mit Glockenspiel (heute Hotel Kogge) – nicht weit vom Hafen Elsfleths.

Das Huntesperrwerk wurde 1976 bis 1979 gebaut, um das tief liegende Hinterland Elsfleths vor Sturmfluten zu schützen – heute ist es Europas größte Küstenschutzanlage ihrer Art.

57

Am Kai befindet sich das **Restaurant-Café-Bistro Panorama**
An der Kaje 1b
26931 Elsfleth
04404 959695
www.elsfleth-tourismus.de

Schulschiffverein Großherzogin Elisabeth
Rathausplatz 5
26931 Elsfleth
04404 988672
www.grossherzogin-elisabeth.de

PANORAMA-CAFÉ MIT SCHULSCHIFF

Am Kai

Ich kann mir kaum etwas Schöneres vorstellen, als in Elsfleths Mitte direkt am Kai im Panorama-Café am Ufer der Hunte zu sitzen, auf alte Segelschiffe wie das Schulschiff »Großherzogin Elisabeth« zu blicken, neben der »Gorch Fock« der einzige Großsegler Deutschlands. Man könnte es sogar für Segeltörns mieten. Mein Blick schweift weiter auf das gegenüberliegende Schilfufer, das die Hunte in diesem Bereich noch von der Weser trennt. Dort liegt die idyllische Weserhalbinsel, das Naturschutzgebiet Elsflether Sand. Zu jeder vollen Stunde kann man es über die Klappbrücke des Huntesperrwerks zu Fuß besuchen. Und wenn ich vorausschaue nach Norden, dann kann ich sehen, wie die beiden Flüsse sich vereinigen und die Grenze zwischen Wasser und Himmel verschwimmt.

Im Restaurant bestelle ich Rollos, Teigtaschen mit Salat, Käse oder Schinken. Auch der kleine Platz mit dem Denkmal des »Schwarzen Herzogs« ist auf der anderen Seite sichtbar, dahinter erstreckt sich Elsfleth, diese Kleinstadt mit Geschichte.

Gelegentlich habe ich mich gefragt, wie es wäre, in meine Geburtsstadt Oldenburg zu ziehen. Alles da. Schloss, Altstadt, Einkaufszentren, Parks, Universität, Theater. Aber wenn ich im Panorama-Café sitze, dann finde ich den Gedanken, in eine Kleinstadt wie Elsfleth zu ziehen, fast attraktiver. Zwei Flüsse, große Schiffe, kleine Schiffe. Hübsche alte Häuser, alles überschaubar. Sogar ein Hochschulstandort der Jadehochschule. Bei über 9.000 Einwohnern wird es bestimmt Leute geben, mit denen ich mich verstehen würde. Wie mein Vorfahre Claas Hanßmann, der aus Sachsen kam und hier eine Heimat fand. Im Panorama-Café sitzen und von »Was wäre wenn …« träumen, ist ebenso verführerisch wie der Elsflether Blaskapelle zuzuhören, die sich gerade durch die Straßen auf den Weg zu einem Fest macht.

Auf der Halbinsel Elsflether Sand gibt es Sandstrände und Vogelbrutstätten. Baden kann man auch an der Weser, nördlich des Sportboothafens.

58

Idyllisch umgeben von Fachwerkbauernhäusern wie diesem liegt das **Moorriemer Landcafé**
Bardenfleth 39a
26931 Elsfleth
04485 462666
www.moorriemerland-cafe.de

EIN GÜRTEL ZUM WOHNEN

Morriemer Landcafé

Zwei bis drei Kilometer nordwestlich der Stadtgrenze von Oldenburg beginnt das »Paradies«, wie ein Ortsschild verkündet. Dort bezwang Graf Gerd von Oldenburg einst die verhassten Bremer. Und kurz darauf fängt es wirklich an. Wunderschöne alte Bauernhäuser, reetgedeckte Niedersachsenhäuser, breiter als in der Geest, perfekt restauriert, unter hohen Bäumen, mit herrlichen Gärten. Selbst jede Hütte der Köter, so hießen die Moorarbeiter, die sich bei reichen Bauern verdingten, ist jetzt begehrter Wohnraum.

Das langgestreckteste Dorf Deutschlands ist eigentlich kein Dorf, die Gemeinde besteht aus fünf alten Dorfflecken, wurde erst 1933 gegründet und gehört seit 1974 zu Elsfleth. Moorriem heißt das Gebiet. So nennt sich der 16 Kilometer lange moorige Siedlungsstreifen zwischen Geest im Westen und der Wesermarsch im Osten. Die Besiedlung ist uralt, es gibt Reste von Bohlenwegen, auf denen das Moor durchquert wurde. Dort, wo das Moor einen Meter hoch gewachsen ist, stehen heute Gebäude, von denen 30 Prozent denkmalgeschützt sind. Es war deshalb schon früher so beliebt hier zu siedeln, weil die Moorkante höher war und so wenigstens bei normalen Sturmfluten verschont blieb.

Das Schöne zieht an, aber auch das Geheimnisvolle. Das Moor ist immer voll von Sagen von versunkenen Schätzen. Unzählig die Versuche, sie zu heben und fast immer vergeblich. Neugierig sind die Leute hier immer noch. Als wir bei der Kirche St. Anna halten, kommt sofort einer angefahren und fragt, was wir wollen. Nur gucken! Diese hochgelegene Kirche wurde 1620 auf alten Findlingsfundamenten einer Vorgängerkapelle gebaut. Denkmalgeschützt ist auch das Moorriemer Landcafé, das stimmungsvoll in einer 250 Jahre alten Fachwerkscheune auf Ausflügler wartet, betrieben von aktiven Landfrauen.

Der Oldenburger Kunstmaler Bernhard Winter, der dem Stadtmuseum seine Villa vermacht hat, wurde in der Gemeinde geboren, geschätzt als Porträtmaler.

59

Spaziergang durch den Hasbruch

Startpunkt: Revierförsterei Hasbruch
Am Forsthaus 4
27798 Vielstedt
04408 6731
www.hasbruch.de

Wo Bäume uralt werden

Spaziergang durch den Hasbruch

Mit dem Begriff Urwald verbinden wir tropische Regenwälder. Reisende in Chile, Kanada und Tasmanien lernen, dass es auch kühle Regenwälder gibt, in denen die Temperatur zwischen elf und 22 Grad schwankt, nicht mehr. Aber die Urwälder in Norddeutschland müssen mehr aushalten: Tief verschneit werden sie im Winter, brüchig in der Sommerhitze. Schwankungen von -15 bis 35 °C kommen durchaus vor.

Urwald, damit verbinden wir etwas Undurchdringliches, Geheimnisvolles, auch Unheimliches. Gerade weil Urwälder in unseren Breiten so selten sind. An ungewöhnliche Orte hat es immer besonders die Künstler gezogen. So fanden Maler im Hasbruch bei Hude oder im nördlich gelegenen Neuenburger Urwald viel Anschauungsmaterial. Einzelne kamen und malten die tausendjährigen Eichen, die Baumruinen, die ihre Reststümpfe dramatisch in die Lüfte stachen. Unter den Solitären, wie der 1.000-jährigen Friederikeneiche, wachsen Tausende von Stechpalmen. Schulklassen, angeleitet von ihrem Lehrer, erhielten auf Schulausflügen ihren Malunterricht. Selbst von Bremen aus fuhren die jungen Leute dorthin, um zu skizzieren, wie der langjährige Kunsthallendirektor Günther Busch aus seiner Schulzeit in den 30er-Jahren berichtet.

Eine Hoch-Zeit für das Interesse der Kunst am Urwald war die Romantik. Knorrige Riesen ragten auf vielen Gemälden. Der Landschaftsmaler Ernst Willers, 1803 in Oldenburg geboren, war dem Hasbruch als Hofmaler des Großherzogs von Oldenburg verbunden, seine herausragenden Eichbäume inmitten anderen Waldwuchses hängen im Stadtmuseum Oldenburg und der Bremer Kunsthalle neben Ansichten der Antike. Als Holzstich schaffte es die Amalieneiche, die sogenannte »Primadonna des Hasbruchs« in die »Gartenlaube« von 1880, 100 Jahre bevor sie im Alter von 1.250 Jahren zusammenkrachte.

Im Urwald nicht weit vom Neuenburger Schloss wird der Baumbewuchs ebenfalls der Natur überlassen. Nicht nur für Künstler ein unvergessliches Erlebnis.

60

Alle Wegweiser Hudes führen zum Kloster, nicht weit vom Zentrum

Kloster Hude
Von-Witzleben-Allee
27798 Hude
0152 36246253 (Führungen)
www.klosterhude.de

Touristik-Palette Hude
Parkstraße 53a
27798 Hude
04408 8090950
www.touristik-palette-hude.de

Ruinen, Schänke, keine Mönche

Kloster Hude

Ruinen wie auf den Gemälden Caspar David Friedrichs. Umgeben von Bäumen und hineinkriechendem Gesträuch. Romantik pur. Das ehemalige Zisterzienserkloster aus dem 13. Jahrhundert war einst ein bedeutendes geistiges und wirtschaftliches Zentrum. Zisterzienser siedelten am liebsten in Tälern oder im Flachland, in der Nähe eines Baches. Sie betrieben Fischzucht und Ackerbau in ausgedehnten Ländereien. So reich war das Kloster, dass es sogar den Bremern ein Darlehen gewähren konnte.

Das Ende des Klosters begann mit der Reformation, aber nicht etwa durch die Protestanten, sondern den Bischof von Münster, den Erzrivalen der Oldenburger. Das Kloster lag strategisch zu günstig und gefährdete seine Macht gegenüber den Oldenburger Grafen. Die Mönche gaben 1530 wegen andauernden Repressalien auf und zogen zu ihren Brüdern in andere Regionen. Zu den Ruinen kam es, weil die Bevölkerung das Kloster als Steinbruch nutzte. Die solide gebrannten Ziegel, für deren Herstellung das Kloster berühmt war, sollten nicht einfach im Wald liegen und verkommen. Noch heute kann man in alten Gebäuden verbaute Ziegel finden, die vom Kloster stammen.

Zum Glück blieben die herrlichen Außenbögen der gotischen Klosterkirche erhalten und zeugen von früherer Pracht und Größe mit farbig glasierten Steinen, Tonköpfen und Gesims. 1687 kaufte die Familie von Witzleben das gesamte Gelände. Das Abthaus der Anlage ist heute noch ein Wohnhaus der Besitzer. Nur die vollständig erhaltene Torkirche, die inzwischen evangelische Pfarrkirche, war ausgenommen vom Kauf. Früher haben dort die Gäste des Klosters beten dürfen, heute trifft sich hier die evangelische Gemeinde und bewahrt auch den die Kirche umgebenden Friedhof. Innen wurde 1905 unter einer dicken Putzschicht ein Freskenzyklus mit Darstellungen unter anderem von der Namenspatronin, der heiligen Elisabeth, freigelegt.

Eine Sammlung von Dokumenten zur Klostergeschichte kann im Sommer am Wochenende im Ballsaal der ehemaligen Klosterschänke besichtigt werden.

61

Klosterschänke Hude
Von-Witzleben-Allee 3
27798 Hude
04408 7777
www.klosterschaenke-hude.de

Verführt werden zur Heirat

Klosterschänke Hude

In der Klosteranlage von Hude sind nicht nur die Ruinen zu sehen. Da steht zum einen das Herrenhaus, das ehemalige Abthaus, das man leider nicht besichtigen kann, weil es heute im Besitz der Familie von Witzleben ist. Allerdings gibt es eine Wassermühle, die dem Ambiente ein romantisches Rauschen hinzufügt, einige Nebengebäude und das ehemalige Brauhaus, heute die Klosterschänke.

Die Umgebung des Klosters, der Weg am Huder Bach entlang, wo Skulpturen aus Holz und Metall des in Hude lebenden Künstlers Wolf E. Schulz den Wanderer am Ufer begleiten – diese vielen Vorzüge kombiniert die Klosterschänke mit der Verführung zum Heiraten. Paare aus Bremen, Oldenburg, der unmittelbaren Nachbarschaft oder von überall her ergreifen diese Gelegenheit. Beim Fotoshooting muss aufgepasst werden, dass auch das richtige Brautpaar erwischt wird. Passend zur Vereinigung von Gegensätzen hat Hude für Norddeutschland etwas Seltenes: Innerhalb der Gemeinde herrscht ein Gefälle von 31 Metern Höhe bis auf 20 Zentimeter unter Normalnull. Der Grund ist der Abfall eines Geestrückens in die Marsch.

Bei schönem Wetter auf der Terrasse oder im Garten unter schattigen Bäumen sitzen, besser kann man es an einem heißen Sommertag nicht treffen. Die Klosterschänke steht als Ausflugslokal bei den Bewohnern des Landkreises und weit darüber hinaus ganz hoch im Kurs. Doch Hude hat noch mehr zu bieten: einen rekonstruierten Bohlenweg aus der Eisenzeit über das Moor. Diesen alten Handelsweg schützten Götterfiguren aus Holz, deren Originale im Oldenburger Landesmuseum für Natur und Mensch zu bewundern sind.

Nicht weit, im Ortskern Hudes, der sich um den im 19. Jahrhundert gebauten Bahnhof gebildet hat, gibt es ausgesprochen schöne Villen. Sie stammen von Bremer Industriellen, die sich hier Sommersitze oder Ruhestandsvillen gebaut haben.

In der denkmalgeschützten Remise mit einem Lokal für kleinere Feiern befindet sich das Standesamt. Im Laden nebenan gibt es ein umfangreiches Weindepot.

62

Rundgang durch die Delmenhorster Innenstadt
Startpunkt: Wasserturm
Rathausplatz 1
27749 Delmenhorst

Delmenhorst Stadtmarketing
Rathausplatz 1
27749 Delmenhorst
04221 992299
www.stadtmarketing-delmenhorst.de

RAUBRITTER, JUGENDSTIL UND INDUSTRIE

Rundgang durch die Innenstadt

Es stimmt, Delmenhorst bietet nicht gerade ideale Voraussetzungen für einen Lieblingsplatz. Ich bin nicht freiwillig von Oldenburg dorthin verpflanzt worden, um meine Schulzeit in der zweitgrößten Stadt des Oldenburger Landes zu verbringen, die schon stark im Einflussbereich der Hansestadt Bremen steht. Wer denkt gern an seine Schulzeit? Aber ich kann nicht umhin, mich an bestimmte Orte zu erinnern. Absoluter Lieblingsplatz ist ein Garten an der Welse, an dem ich lange wohnte. Die Welse ist der Fluss, der durch Delmenhorst fließt, ohne es geschafft zu haben, sich in den Namen der Stadt einzuprägen – wie die Delme. Dort in der Nähe zum Tiergarten, in dem es nur Vögel und Kaninchen gab, war mein verträumter Rückzugsort nach stressigen Schultagen.

Delmenhorst ist eine Stadt mit dem Gesicht des 19. und 20. Jahrhunderts. Zwar stehen in der Stadtkirche Zinnsärge in der von 1614 bis 1619 angelegten Grafengruft, aber von der früheren Wasserburg und einem ehemaligen Renaissanceschloss ist außer zwei umeinander greifenden Gräben, der Innengraft und der Außengraft sowie ihren Parkanlagen nichts erhalten. Nicht einmal mehr das Gebäude, das in meiner Jugend die Berufsschule war. Auch die Badeanstalt, zu der ich mich an heißen Tagen geschleppt habe, ist schon lange weg. Nur das Amtsgericht und die vergitterten Fenster des Untersuchungsgefängnisses gibt es noch, außerdem die alte Wassermühle am äußeren Burggraben, heute ein Lokal.

Ein Haus in Delmenhorst ist mir besonders ans Herz gewachsen und ich habe es mit Freude als eines der abgebildeten Häuser in einem Architekturführer gefunden. Inzwischen ein öffentliches Gebäude, der ehemalige Garten zum Parkplatz betoniert, steht es an der Westerstraße gegenüber der katholischen Kirche. In diesem in seinen Proportionen wunderbar gegliederten klassizistischen Gebäude aus dem 19. Jahrhundert habe ich meine Grundschuljahre verbracht.

Doch auch der Rest der Innenstadt ist sehenswert und es hat etwas Besonderes zu bieten: Die Rathausanlage sucht ihresgleichen, 1920 von modernen Stadtvätern in Auftrag gegeben und vom Bremer Architekten

Heinz Stoffregen im Jugendstil erbaut. Verbunden mit einem Wasserturm, 1910 eingeweiht, wuchtig und wichtig aufragend in quadratischem Grundriss. Er wurde mit seinen 44 Metern Höhe zum Wahrzeichen der Stadt, ist allerdings seit 2011 nicht mehr in Betrieb. Die Anlage ist großartig, bis hin in die Innenausstattung künstlerisch aus einem Guss, mit bronzenen Türklinken und Verzierungen. Dieser Bau ersetzt die Burg!

Mit der beginnenden Industrialisierung gewann Delmenhorst an Bedeutung. Ich kenne kaum eine andere Stadt, die so einheitlich frühe Industrialisierungsanlagen präsentiert, zusammen mit Chef-, Meister- und Arbeiterhäusern, die vom täglichen Leben der Menschen zeugen. Seit etwa 1900 gab es Lohn und Brot für viele, das sprach sich schnell herum. Arme Bauern und Knechte, Leute, die in Bremen keine Arbeit fanden, Kriegsflüchtlinge und noch später Migranten aus südlichen Ländern, alle kamen, um hier Arbeit zu suchen. Ein Gemisch, das auch Probleme mit sich brachte und dem eigentlich bürgerlichen Umfeld, ursprünglich Sommersitz der Bremer Kaufleute, den Ruf einer reinen Arbeiterstadt einbrachte.

Der frühere Industriebetrieb »Norddeutsche Wolle« ist heute eine sehenswerte Museumsanlage und versetzt uns in die Welt der Arbeit des 20. Jahrhunderts. Entlang der Bahnlinie führen rotgeklinkerte Häuschen, eingeschossig und spitzgiebelig. Noch ist die Gesamtanlage gut zu erkennen. Erstaunlich, wie großartig, zumindest äußerlich, für die Arbeiter gebaut wurde, als ob sie einen Aufstieg ins Bürgertum als machbar vorführten. Das Maschinen- oder Turbinenhaus, 1902 erbaut, sieht beinahe wie eine Kirche mit Bögen und Rundfenstern aus. Die Villen der Direktoren wirken gleichberechtigt, nur durch ihren weißen Anstrich von Hallen, Torhäusern und dem hochherrschaftlich wirkenden Wasserturm unterschieden. Mietskasernen, die schlossartig angelegt wurden. In Delmenhorst haben die Stadtväter und beauftragten Architekten ein Areal geschaffen, das einzigartig ist. Heute ist es eines der zentralsten und buntesten Wohngebiete. Die Stadt hat keinen Grund, sich zu verstecken.

Wie die Arbeiter im 19. und beginnenden 20. Jahrhundert lebten und arbeiteten, davon zeugt die Nordwolle, ein bedeutendes Museum für Industriekultur.

Nordwestdeutsches Museum für Industriekultur
Am Turbinenhaus 10–12
27749 Delmenhorst
04221 2985820
www.delmenhorst.de

63

Burg Sandhatten gibt es zwar nicht, aber die besondere Atmosphäre der **Kirche St. Cyprian und Cornelius** lädt ein, um sich an die **Sage von der Rückkehr Graf Christians** zu erinnern
Ev. Kirchengemeinde
Ring 14
27777 Ganderkesee

EIN KREUZFAHRER BEI GANDERKESEE

Die Sage von der Rückkehr

Kaiser Friedrich Barbarossa kam 1190 auf einer Kreuzfahrt ins Heilige Land ums Leben. Viele Kreuzfahrer machten sich auf den Heimweg, es schien ihnen zu schwierig, ohne die Führung dieses charismatischen Herrschers Jerusalem zu erobern. Graf Christian von Oldenburg kehrte mutlos um, ohne Jerusalem gesehen zu haben, hatte aber goldene Kruzifixe und in Gold gefasste Heiligengebeine mitgenommen. Diese Schätze hütete er auf der langen Reise in die Heimat.

Nur noch wenige Stunden von seiner Burg bei Sandhatten entfernt, plante er, am anderen Tag ausgeschlafen auf seiner Burg einzuziehen. Deshalb übernachtete er in der Nähe von Ganderkesee bei einem Bauern in dessen Scheune. Leider war die Kunde von seiner Heimkehr wohl schon in der Burg angekommen, denn nachts töteten ihn Meuchelmörder im Schlaf und stahlen die Schätze, die er unter dem Stroh verborgen hatte. Es hieß, sein Bruder Graf Moritz habe das befohlen, doch der leugnete. Natürlich wollte dieser die Macht nicht wieder an den Älteren abgeben, die er während dessen Abwesenheit ausgeübt hatte. Die Täter, allesamt vornehme Ritter, wurden gefangen und sollten sich einem Gottesurteil beugen. Keiner von ihnen konnte unverletzt über glühende Kohlen laufen. Als wäre das nicht schlimm genug, wurden sie zur Strafe anschließend gerädert. So schrecklich erging es den Männern, die doch nichts anderes getan hatten, als den Befehl dessen auszuführen, der sie nun umbrachte.

Graf Christian aber fand keine Ruhe. Im Burggraben spaziert zur Geisterstunde ein schwarzer Hund mit einer rasselnden Kette um den Hals und ein weißes Gespenst läuft mit lautem Gestöhn herum. Das soll der ermordete Graf Christian sein. Der wahre Übeltäter, endlich legitim an der Macht, gründete für das Seelenheil seines Bruders ein Kloster, aber wohl eher für sein eigenes schlechtes Gewissen. Ob es ihm genützt hat, ist nicht nachzuprüfen.

64

Gräberfeld Pestruper Heide
Pestruper Straße 90 (Parkplatz)
27793 Wildeshausen

Mehr Informationen bietet die **Arbeitsgemeinschaft Straße der Megalithkultur c/o Tourismusverband Osnabrücker Land e.v.**
Herrenteichstraße 17–18
49074 Osnabrück
0541 3234568
www.strassedermegalithkultur.de

EIN FRIEDHOF AUS DER JUNGSTEINZEIT

Pestruper Heide

Südlich von Wildeshausen wechselt man in eine andere, längst vergangene Zeit. Die dortigen Zeugnisse der Megalithkultur sind für Archäologen ähnlich bedeutend wie Stonehenge in England oder die ägyptischen Pyramiden. Hier stehen aus riesigen Steinen errichtete Gräber sowie kleinere aber umso ausgedehntere Grabhügel in der Pestruper Heide. Das ganze Gebiet nennt sich die »Klassische Quadratmeile der Vorgeschichte«.

Plötzlich öffnet sich der Wald dem Autofahrer oder der Rädertruppe und ein weites hügeliges Feld ist zu überblicken. Ein Friedhof sollte es ein, der Sage nach sind dort pestkranke Riesen begraben – so entstand der Name. Es ist die größte bronze-eisenzeitliche Nekropole im nördlichen Mitteleuropa, etwa aus der Zeit von 900 bis 400 v. Chr. Der Legende nach sollen unter den größeren Hügeln Könige liegen. Das aber hat sich nicht bewahrheitet. In der Jungsteinzeit ging man dazu über, die Verstorbenen zusammen mit Beigaben zu verbrennen und mehrere von ihnen in Urnen unter Erdhügeln zu bestatten. Und die größten Hügel dienten zur Einäscherung von mehreren Toten.

Insgesamt handelt es sich um die größte geschlossene Heidefläche des Oldenburger Raums, die im August zu einem lila blühenden Paradies wird. Auch wenn gerade dann viele Besucher kommen, kann man weit ins Gelände allein laufen und die Farben bei Sonnenuntergang genießen. Moorschnucken halten die Heide kurz, dennoch gibt es an einer Stelle einige hochgewachsene, dekorative Birken. Sie haben nicht den friedlichen Hintergrund, der sie heute zu einem stimmungsvollen Fotomotiv macht. Von der Flak getroffen, stürzte 1944 ein amerikanischer Bomber dort ab, riss einen tiefen Krater und zerstörte das Heidekraut. Dafür wuchsen die Birken friedvoll in der Landschaft und verleihen ihr jetzt den vertikalen Kontrast.

Im Schafkoben, umgeben von Findlingen, können Wanderer jetzt ausruhen und die Stille genießen. Zur Heideblüte, wenn viele kommen, auch Bekannte treffen.

65

Alexanderkirche
Herrlichkeit 6
27793 Wildeshausen
www.ev-kirche-wildeshausen.de

Touristinformation Stadt Wildeshausen
Am Markt 1
27793 Wildeshausen
04431 6564
www.wildeshausen.de

MAL KATHOLISCH, MAL EVANGELISCH

Alexanderkirche

Eine dreischiffige Basilika steht in der Mitte der Stadt, kreuzförmig gewölbt mit einem Querschiff und einem mächtigen Westturm am westlichen Hochufer der Hunte. Die einzige ihrer Art im Oldenburger Land. Diese riesige Kirche vermutet man nicht im kleinen mittelalterlichen Wildeshausen. Zu ihren Schätzen, die teilweise in den Wirren der Konfessionskriege verloren gegangen sind, gehörten wundertätige Reliquien des heiligen Namenspatrons Alexander, die schon im 9. Jahrhundert aus Rom hierher gebracht wurden. Der Remter im Osten wurde im 10. Jahrhundert errichtet und ist damit das einzige noch erhaltene Gebäude des ehemaligen Stiftes, außerdem das älteste noch genutzte Gebäude im gesamten Oldenburger Land.

In den wirren Zeiten des Dreißigjährigen Krieges auf dem Weg von Schweden nach Münster, wo 1648 der Westfälische Friede geschlossen wurde, muss Wildeshausen mit seiner dominierenden Kirche eine große Bedeutung gehabt haben, davon zeugen die geschichtlichen Hinweise auf Tafeln am Eingang. Hin und her ging es zwischen den Katholiken und Protestanten, fast wie auf dem Schlachtfeld. Siebenmal wechselte die Kirche ihre Konfession. Und wie ein Sinnbild betrat sie 1647 die schwedische Königin Christina, die selbst protestantisch erzogen, wohl schon dem Katholizismus zugeneigt war, zu dem sie später konvertierte. Ein Jahr darauf belehnte der Kaiser Schweden mit Bremen, Verden und dem Amt Wildeshausen. Die Wildeshausener huldigten der damals noch protestantischen Königin Christina, aber schon 1678 wurde das Stift wieder rekatholisiert. Endgültig protestantisch wurde die Alexanderkirche erst 1802.

Heute liegen Kirche und angrenzende Gebäude friedlich und spirituell ergreifend an katzenkopfgepflasterten Wegen. Und die Hunte fließt von dort in ihren landschaftlich schönsten Teil, mit dem Fahrrad oder Kanu zu erleben.

Die Reliquien wurden nach Vechta überführt, ins katholische Zentrum des Oldenburger Münsterlandes. Von dessen Bedeutung zeugen Überreste einer Zitadelle.

66

Die Strahlenmadonna finden Sie in der **St.-Ansgari-Kirche Hatten**
Wildeshauser Straße 2
26209 Hatten-Kirchhatten
04482 329
www.kirche-hatten.de

St.-Briccius-Kirche Huntlosen
Bahnhofstraße 61
26197 Huntlosen
04487 237
www.kirche-oldenburg.de

Kirchen, die berühren

St.-Ansgari-Kirche in Kirchhatten

In ganz Norddeutschland ziehen die aus schlichtem Feldstein und gebrannten Ziegeln gebauten alten Kirchen in den Dörfern die Blicke auf sich. In der Wildeshauser Geest an der Hunte gelegen, sind die Kirchen in Kirchhatten und Huntlosen einer eingehenden Betrachtung wert. Umso mehr, wenn man sich dabei ins Bewusstsein ruft, dass in der Gegend viele Soldaten in Kriegen ihr Leben verloren haben: Im Dreißigjährigen Krieg, als die Konfessionen in einer Geschwindigkeit wechselten, die uns heute unverständlich ist. Oder in den letzten Kämpfen des Zweiten Weltkrieges.

Die St.-Ansgari-Kirche in Kirchhatten beeindruckt durch ihre Größe im kleinen Dorf. Reste einer alten Findlingskirche wurden für den Bau im 13. Jahrhundert verwendet. Ein barockes Relief von 1718, seitlich an der Mauer, gemahnt an die Vergänglichkeit. Zu beiden Seiten des Heiligen Geistes in Taubengestalt stehen muskulöse Engel ohne Lächeln, im Gegensatz zu ihrer Puttengestalt, einer mit einem erhobenen Stundenglas, der andere mit einer Sense. Ernst und fast grimmig schauen sie auf den Friedhof um die Kirche herum. Im Inneren der Kirche zielt alles auf den Altar, auf den aus einem Eichenstamm geschnitzten Christus und die Fresken an den Seiten. Ich liebe die Strahlenmadonna rechts, sonnenumflammt, eine ewige Eva und Muttergottes zugleich.

Ebenso sorgfältig renoviert ist die St.-Briccius-Kirche in Huntlosen, bereits 1100 erwähnt. Innen setzen sich in einer klaren Gliederung rote Backsteine von hell verputzten Wänden und Gewölben ab. Auffällig ist der achteckige Turm mit einem Pyramidendach. Der Bau ruht auf einem Feldsteinsockel, ganz »feste Burg«. In diesen Kirchen haben die Menschen immer wieder Zuflucht gesucht, gleich ob sie gerade katholisch oder evangelisch waren.

Nicht weit von Kirchhatten gibt es einen Kletterwald: den *Kraxelmaxel*. Wagemutige können aus zehn Metern Höhe einen Sprung ins Netz wagen.

67

Meyers Gasthaus Huntlosen
Bahnhofstraße 67
26197 Huntlosen
04487 92770
www.meyers-gasthaus.de

Kohlfahrt ins Grüne

Meyers Gasthaus Huntlosen

Im Januar und Februar können Oldenburger sich vor ihrem Nationalgericht Grünkohl mit Kassler, Kochwurst und dem berühmten Pinkel nicht retten. Jede große Firma, jeder Verein, jeder Freundeskreis plant eine Kohlfahrt. Das ist so etwas wie Oldenburger Karneval, inzwischen auch gebräuchlich in Ostfriesland und Schleswig-Holstein.

Die Fahrt, die ich mitgemacht habe, begann in Bümmerstede. Ein Bus fuhr unsere etwa 20 Leute umfassende Gruppe nach Sandhatten. Als wir ausstiegen, wurde schon diskutiert, wann wir den ersten Schluck Glühwein nehmen, der auf einem Bollerwagen hinter uns hergezogen werden würde. Den Wein gab es in einem Thermosgefäß gewärmt, der Schnaps kam frisch aus dem Kühlschrank. Dann folgte das Boßeln, ein Spiel wie Boule oder Kegeln (nur auf einer Straße oder einem Weg) mit zwei Mannschaften, kenntlich gemacht durch Farben und Nummern. Die Teams müssen die Kugeln abwechselnd werfen, weiter geht es immer von der Stelle aus, wo der Ball ausrollt. Wegen des Matsches hatte unsere Gruppe einen gepflasterten Weg gewählt, aber es gab genug Gelegenheiten, den Ball in die aufgewühlten Seitenränder oder sogar Bäche zu schießen. Ein Sonnenloch wurde genutzt, um den Glühwein zu trinken, den wegen des kalten Windes inzwischen alle nötig hatten.

Über die Geestlandschaft bei Dötlingen ging es bis Huntlosen, wo Meyer-Huntlosen, wie das Lokal genannt wird, mit einer Tafel und dem Grünkohl samt Zutaten auf uns wartete. Der Pinkel schmeckte besonders gut, eine Grützwurst, die beim Räuchern ihr Fett »abpinkelt«. In der schönen Glasveranda saßen in meiner Gruppe die Herren so, dass sie die Straße und herannahende Gefahren kontrollieren konnten, die Damen alle auf der anderen Seite, damit ihre Falten nicht beleuchtet wurden. Nach dem Schnaps waren die sowieso nicht zu sehen.

Der Grünkohl muss den ersten Frost bereits hinter sich haben, sonst schmeckt er nicht. Wenn der früh einsetzt, gibt es schon im November diese Köstlichkeit.

68

Fischteiche Ahlhorn
26197 Großenkneten

Waldpädagogikzentrum Weser – Ems
Baumweg 6
49685 Emstek
www.landesforsten.de

Teichwirtschaft Ahlhorn
Baumweg 5a
49685 Emstek
04435 97190925
www.landesforsten.de

ZWISCHEN TEICHEN UND IHREN FISCHEN

Fischteiche Ahlhorn

Eine künstliche Landschaft, nicht weit vom Dorf Ahlhorn gelegen, heute Inbegriff für Natur. Fischteiche, angelegt auf einem 485 Hektar großen Areal. Inzwischen gibt es noch 35, die bewirtschaftet werden. Teiche heißt es, aber es ist eine Seenlandschaft, die durch Abflüsse, sogenannte Mönche, Höhenunterschiede überwindet und die durch ihre weiten, ruhig glitzernden Flächen in Bann zieht. Angefangen hat die Fischzucht von Süßwasserfischen, Barschen, Hechten, Zandern und Bachforellen schon 1884. Es gibt Laichteiche, Brutteiche und Winterteiche. Im Jahr 1993 wurde die Gegend zum Kulturdenkmal erhoben und für die Oldenburger und das Umland zu einem beliebten Naherholungsgebiet.

Das Blockhaus Ahlhorn, gelegen auf einer Halbinsel unweit des Waldpädagogikzentrums und der Teichwirtschaft, bietet Erholung und Naturwissen. Man kann den Alltag vergessen, am Wasser meditieren oder sich bilden. Das Blockhaus inmitten der Teichlandschaft ist Ziel für Konfirmandenfreizeiten und Schulausflüge. Die ehemals von der Evangelischen Kirche getragene Einrichtung ist 2022 in die Trägerschaft des Landkreises Oldenburg übergegangen. So werden die ursprünglichen Nutzungen weitergeführt. Eigentlich ist es ein kleines Dorf mit mehreren aus Holz gebauten Häusern und einer Kirche, die direkt am See liegt und passenderweise St. Petri heißt, ein wunderbar meditativer Ort auf einer Erhebung, dem Buhlertsberg zwischen den zwei größten Seen. Endlos verschlungen sind die Wege entlang der Teiche, es gibt dort auch Beobachtungsstände für Vögel und Fische. Ein gemachtes Naturparadies. Und doch war es nach dem Zweiten Weltkrieg ein Straflager der Briten.

Hier, wo das Wasser aus dem Fluss Lethe stammt, der nichts mit griechischer Mythologie zu tun hat, sondern ein Nebenfluss der Hunte ist, lässt sich alles Belastende für eine Weile vergessen.

Die St. Petrikirche war eine ehemalige Notkirche, schnell errichtet für Gottesdienste, die 1982 von Steinfeld auf das Teichgelände umgesetzt wurde.

69

Spaziergang durch den Dötlinger Dorfkern
Startpunkt:
1.000-jährige Eiche
Dorfring
27801 Neerstedt-Dötlingen

Informationen:
Gemeinde Dötlingen
Hauptstraße 26
27801 Neerstedt
www.doetlingen.de

MUSTERDORF IN DER GEEST

Spaziergang durch den Dötlinger Dorfkern

In diesem Dorf lebe ich in der Vergangenheit. Fachwerk überall, große Eichen, altertümliche Ackergerätschaften vor den Häusern. Die Gehöfte liegen weit auseinander, die Kirche ist erhöht. Unter ihr blinkt ein See. Eine Geestlandschaft über der Hunte. Eine Idylle, die sich um seit Jahrhunderten grünende Baumruinen gruppiert. Immer auf den vorderen Plätzen bei Wettbewerben um das schönste Dorf Deutschlands. 2010 gab es eine Goldmedaille für die Aktion »Unser Dorf hat Zukunft«.

Aber es gibt einen dunklen Fleck in der Geschichte. Stramm nationalsozialistisch war das Dorf, das 1933 seine Gemeindegrenzen erhielt. So stellten sich die Nazis Heimat und Scholle idealerweise vor. Streng erzogen wurden in dieser Zeit auch die Kinder im kirchlichen Waisenhaus Dötlingen-Neerstedt, die als Erwachsene noch unter Albträumen litten. Die zwölf Jahre haben jedoch der 1.000-jährigen Eiche und dem 800-jährigen Dötlingen nichts vom Charme nehmen können. Hier fand ich einen der schönsten Lieblingsplätze in der Wildeshauser Geest. Die Eiche ist ein Wunder mit ihrem immer noch kräftig ausholenden Zweig, der über dem morschen Holz der Vergänglichkeit trotzt. Die Dötlinger Kirche, geweiht dem heiligen Firminius, der im Mittelalter als Patron der Kinder verehrt wurde, steht langgestreckt am Rande des Dorfkerns und enthält die kunstgeschichtlichen Bauformen aus romanischer und gotischer Zeit. Der Altar ist barock gestaltet. Nur die Gräber, die oft die alten Feldsteinkirchen umgeben, fehlen, sie sind auf einem Friedhof in der Nähe zu finden. Vielleicht hat die Kirche deshalb von außen einen heiteren Charakter.

Im Dorf stehen prächtige reetgedeckte Bauernhäuser, überwiegend aus dem 19. Jahrhundert und oft noch in ihrer alten museumsreifen Form. Der Tabkenhof ist der größte niedersächsische Bauernhof, 58 Meter lang. Ende des Zweiten Weltkrieges brannte er ab, wurde aber wieder aufgebaut. Alles blieb denkmalgeschützt erhalten. In Dötlingen haben sich viele Künstler angesiedelt, im Prinzenpalais in Oldenburg zeugen die Gemälde von Georg Müller vom Siel davon, dass Dötlingen schon Anfang des vorigen Jahrhunderts eine Anziehungskraft auf Maler hatte. Es gibt Ausstellungen in Galerien wie dem Doppelheuerhaus, jede Menge Boutiquen und gute Restaurants in den verstreut liegenden historischen Gehöften. Beliebt ist die Kombination aus Kunsthandwerk und kulinarischen Genüssen. Die Goldschmiedin lockt nicht nur mit Schmuck, sondern auch mit Weinverkostung und Leckereien ihres Lebenspartners. Am Goldbergsweg liegt »(M)ein Lebens(t)raum«, eine der bekannten Gartengestaltungen der Umgebung, denen die Dötlinger sich widmen. An einigen Wochenenden kann man diese privaten Gärten besichtigen. Auch ein privater Zoo wirbt für Besucher, das Privatgehege Dötlingen, ein etwa 20.000 Quadratmeter großes Gelände, wo auch exotische Tiere leben, nicht nur Esel, Pfauen, Ziegen und Rehe, sondern auch Emus, Lamas und Papageien.

Hinauf und hinunter geht es, überall herrliche Ausblicke über die Hunte. Der Gierenberg, ein Name der mit Gier nur so viel zu tun hat, dass der Gierige als Neugieriger gern etwas erschaut, ist 33 Meter hoch, was in dieser Landschaft Höhe bedeutet. Zu Fuß und auf dem Fahrrad lässt sich die Gegend am besten erkunden. Im Dorf winden sich die Spazierwege um die Bauernhäuser und einige neuere Wohnhäuser. Die Hügelgräber der Megalithkultur, »Glaner Braut« am Huntepadd sowie das geheimnisvolle »Egypten«, befinden sich in der Nähe. Und südlich von Dötlingen gibt es noch mehr Urzeit: Das Pestruper Gräberfeld liegt recht nah.

Dort wieder wird mir wie in Dötlingen und Umgebung bewusst, wie vergänglich unsere heutige Welt ist, aber auch, wie viel von alter Zeit zeugt. Oldenburger, Bremer und Osnabrücker haben ein vielseitiges Urlaubsgebiet einen Katzensprung entfernt. Dabei ist es gar nicht überlaufen.

Im Theater der Neerstedter Bühne, im gleichnamigen Ortsteil der Gemeinde gelegen, wird niederdeutsch gespielt, das Neu-Oldenburger gern erlernen.

Nahe der **St.-Firminus-Kirche** liegt das **Heuerhaus-Café**
Rittrumer Kirchweg 2
27801 Dötlingen
04433 969591
www.heuerhaus-cafe.de

70

Hasbruch im Winter

GEHEIMNISSE ZUM GRUSELN

Die Sage vom Dötlinger Hexenstein

Zum Galgen oder zum Hexenstein, das war die Frage. Die Bauerntochter und die Pastorentochter aus Dötlingen würfelten, wer von ihnen gehen sollte und wohin. Es traf die Pastorentochter und den Hexenstein. Wie es sich für Geheimnisse gehörte, war gerade die Johannisnacht und dazu Vollmond!

Auf dem Weg begegnete die Pastorentochter einer Frau nach der anderen. Immer mit Besen oder Heuforken zwischen den Schenkeln rasten sie im Galopp über das Gebüsch. Am Hexenstein brannte ein Feuer unter einem Dreifuß, darüber hing ein Kessel mit einem Breisud. Einige Hexen tanzten um das Feuer herum, sie kamen der Pastorentochter bekannt vor, wie Frauen aus dem Dorf. Die eine ähnelte sogar ihrer Freundin, der Bauerntochter. Neben dem Kessel stand ein Ziegenbock, dessen Augen die Pastorentochter begehrlich anfunkelten, sodass sie ein komisches Gefühl in der Magengrube bekam. Der Kessel wurde vom Feuer genommen, alle tunkten ihren Finger in den Sud und schmierten sich die haftende Salbe unter die Achselhöhlen. Weg waren sie.

Da stand nun die Pastorentochter allein mit dem Kessel und dem Ziegenbock. Nichts wie weg, dachte sie und tauchte den Finger in den Brei. Würzig roch das und gab ein erfrischendes Gefühl unter den Achseln. Sie hörte noch das Gemecker des Ziegenbocks, dann ging es los. Zu spät fiel ihr ein, dass sie besser vorher für ein Reitgerät hätte sorgen sollen, denn nun schleifte sie am Boden, mit Gewalt durch dorniges Gestrüpp und Wassergräben. Kurz darauf prallte sie gegen die Kirchentür des Dorfes. »Jesus Christus«, sagte sie und bekreuzigte sich wie eine Katholische. Das nächste Mal gehe ich zum Galgen, schwor sie sich. Vielleicht gibt es dort die Geheimnisse der Männer zu erfahren. Die interessierten sie viel mehr. Wenn sie nun den Frauen begegnete, schaute sie von oben herab: »Ich weiß Bescheid«, sagte ihr Blick.

71

Steingrab »Bräutigam«
nahe am **Landgasthof Engelmannsbäke**
Endel 31
49429 Engelmannsbäke
04445 2806
www.engelmannsbaeke.com

Naturpark Wildeshauser Geest
Delmenhorster Straße 6
27793 Wildeshausen
04431 85351
www.wildegeest.de

Steinzeugen für Liebe und Tod

Steingräber *Braut* und *Bräutigam*

Steindenkmäler, Grabmäler aus der Jungsteinzeit, sind über ganz Norddeutschland verstreut. Das beeindruckendste ist der Bräutigam, wie das Denkmal volkstümlich genannt wird. Es liegt in der Ahlhorner Heide, an der Straße der Megalithkultur, so alt wie Stonehenge oder die Pyramiden, ist etwa 110 Meter lang und besteht aus 170 Steinblöcken. Gebaut wurden die Gräber mit riesigem Geröll, das die Gletscher nach der Eiszeit übrig gelassen hatten. Je nach Größe waren sie geeignet als Träger oder Decksteine. Die Zwischenräume wurden mit Erde gefüllt, die später bewuchs und das Grab unkenntlich machte.

Aber die Zeit, aber der Wind, aber die Verwitterung! Irgendwann kamen die Steine wieder zum Vorschein und zeugen nun vom Leben und Sterben unserer Vorfahren.

Eine Sage will in der ganzen Anordnung der Steine einen Brautzug erkennen. Die etwas kleinere »Braut« liegt etwa vier Kilometer entfernt in einer 80 Meter langen Grabanlage. Ihre Decksteine sind verschwunden. Die Sage weiß von einer Frau, die einem ungeliebten Bräutigam angetraut werden sollte – und sich lieber in Stein verwandeln ließ, als ihn zu heiraten.

Obwohl Sage und Zweck der Steine nichts miteinander zu tun haben, eine Wanderung durch dieses Gebiet lässt niemanden zu Stein werden, sondern voller Begeisterung die Landschaft genießen. Geheimnisvoll wirken die Steinbetten auf jeden Fall. Ein idyllisches Wandergebiet, wo sich allerdings auch die neuen Heiden tummeln, davon zeugen Fackeln und Kerzen auf den aufgetürmten Findlingen, wie auf dem »Opferstein«, der als großer Deckstein auf anderen Findlingen ruht. Und von einem Ritual zeugen Blumen und ein Brotlaib am tiefsten Punkt der »Braut«.

Der »Bräutigam«, das längste Grab überhaupt, liegt wie die »Braut« nicht weit von der Autobahn. Die moderne Zeit mit ihrem Rauschen macht auch vor den Jahrtausenden nicht halt.

Der »Brautwagen« ist auch erhalten. Sein Deckstein wiegt 22.000 Kilogramm. Den wird kein Ritual verschieben und kein Grabräuber verkaufen.

72

An der **Thülsfelder Talsperre** liegt das **Hotel Heidegrund**
Drei-Brücken-Weg 10
49681 Garrel-Petersfeld
04495 890
www.hotel-heidegrund.de

Erholungsgebiet Thülsfelder Talsperre
Bürgermeister-Winkler-Straße 19–21
49661 Cloppenburg
04471 15256
www.thuelsfelder-talsperre.de

KÜNSTLICH ABER NATURNAH

Thülsfelder Talsperre

Die künstlich angelegte Thülsfelder Talsperre, einzige Talsperre in Nordwestdeutschland, ist inzwischen ein Naturschutzgebiet, das gleichzeitig eine Unmenge an Freizeitaktivitäten bietet. Für mich eindrucksvoll durch die Natur mit ihren Wald-, Heide- und Seengebieten, wo sich viele Pflanzen- und Tierarten angesiedelt haben. Wer bei Dreibrücken, dem südlichen Ende der Seen, die Hügellandschaft und das Seeufer entlangwandert oder es mit dem Fahrrad umrundet, glaubt sich ganz im Norden Europas zu befinden. Inselchen im See, hängende Äste, steile Abhänge. Dazu die stille Fläche des Wassers, das sich weit in den Norden zieht. Umgekehrt sieht es von Süden aus: der Staudamm, keine Steinmauer, sondern ein deichähnlicher Erdwall, zieht sich über drei Kilometer entlang, es gibt ausgedehnte Flachwasserzonen, in denen Wasservögel brüten.

Ganz nah ist der Kletterwald Nord, in dem jeder sich von Anfang März bis Anfang November an Stricken und Leitern zwischen den Ästen und hoch in den Baumkronen erproben kann. Das gesamte Staugebiet ist 450 Hektar groß und damit als Erholungsgebiet dem Zwischenahner Meer vergleichbar.

Es gab einen triftigen Grund, den Stausee zu bauen. Immer wieder kam es entlang des Flusses Soeste zu Überschwemmungen – seitdem das Auslaufbauwerk von 1924 bis 1927 fertig gestellt wurde, ist das vorbei. Zwischen 2002 und 2006 wurde alles saniert, modernisiert und der Damm verstärkt. Dennoch blieb das Urwüchsige erhalten. Wehsanddünen ermöglichen sogar Strände zum Baden. Übernachten kann man in einer Jugendherberge oder in Hotels, sowohl im Norden als auch im Süden. Dort liegt das Hotel Heidegrund, das zu jeder Jahreszeit passende Angebote hat, zum Beispiel für Karnevalsmuffel im Winter oder für Eltern, die ihre Kinder betreut wissen wollen, zu Ostern.

Im nahen Garrel kann man ein Amerika-Zertifikat erwerben, ohne per Schiff oder Flugzeug eine weite Reise gemacht zu haben. Ein Ortsteil trägt diesen Namen.

78

Museumsdorf Cloppenburg
Bether Straße 6
49661 Cloppenburg
04471 94840
www.museumsdorf.de

IN DER WELT UNSERER VORFAHREN

Museumsdorf Cloppenburg

Ein Museumsdorf ist immer Ziel von Klassenwanderungen und -fahrten. Aber nicht nur Schulkinder begeistern sich an den Mühlen, Häusern und Scheunen aus der Vergangenheit, auch ich habe fasziniert das Gelände durchstreift, obwohl ich eigentlich glaubte, von Museumsdörfern die Nase voll zu haben. Ein Bild lässt mich nicht los: die freistehenden Mühlen, denen man ihr Alter ansieht, die heimatlich wirken, weil ich sie so aus meinen Bilderbüchern kenne, die ich heute noch meinem Enkel zeige. Hoch ragen sie, beflügelte Geschöpfe, freistehend und stolz. Über Mühlen lässt sich hier einiges lernen: Es gibt Reibmühlen, betrieben mit Steinen, Wassermühlen und Windmühlen. Die Tiermühlen stelle ich mir nicht so gern vor: Esel, die ihr Leben lang im Kreis laufen mussten!

In den großen Höfen mit Haupthaus und Scheunen, Backstube und Wagenschauer stelle ich mir das Leben meiner Vorfahren vor, denn die kamen überwiegend aus dem Ammerland. Meine Großmutter ist noch auf einem Hof aufgewachsen, der dort seit dem 12. Jahrhundert in Familienbesitz gewesen sein soll. Mangelnde Erben, die den Hof bewirtschaften wollten, waren dann das Ende. So sind meine Vorstellungen von einer Zeit, die ich noch nicht erlebt habe, als Mensch und Vieh noch unter einem Dach lebten und die Menschen hintereinander in Schlafkojen schliefen, ohne jede Privatsphäre, die fantasierten Trugbilder eines Teils meiner Gene.

Die Gebäude stammen aus dem gesamten Oldenburger Raum sowie aus dem Münsterland und wurden nach Cloppenburg transportiert, und wieder aufgebaut. Alle sozialen Unterschiede sind dokumentiert: die Köterhäuser der Knechte, die kleinen Bauern- und Handwerkerhäuser, die Großbauernhöfe und sogar ein adeliges Herrenhaus, die »Burg Arkenstede« mit Ahnensaal und kostbaren Bauernmöbeln.

Pädagogische Angebote im Museum reichen vom Brotbacken bis zur »Dorfschulreife« im Unterrichtsraum des Schulhauses, der nur 24 Quadratmeter groß ist.

74

Emslandmuseum Schloss Clemenswerth
Clemenswerth 7
49751 Sögel
05952 932325
www.clemenswerth.de

EIN JAGDSCHLOSS FÜR DEN KURFÜRST

Clemenswerth

Ein Ausreißer ist mir passiert, auf den ich allerdings nicht verzichten möchte. Von Oldenburg etwa eine Stunde und 15 Minuten entfernt. Nicht dass es im Oldenburger Land zu wenige Schlösser gibt. Auch ganz prächtige, zu bestaunende. Doch Clemenswerth ist einer meiner liebsten Plätze in ganz Norddeutschland. Kaum zu glauben, welchen Zauber die Anlage entfaltet. Und nicht nur ein Schloss, nein, es stehen noch acht andere Gebäude sternförmig um den Zentralbau, bescheiden Pavillons genannt. Das waren die Gästehäuser der Jagdbesucher. Eines davon hat einen Turm, die Schlosskapelle, einem Kapuzinerkloster angeschlossen. Dahinter befindet sich einer der schönsten Barockgärten, die ich kenne. In das Juwel am Ende konnte sich der Bauherr in Einsamkeit zurückziehen. Bei aller Pracht bleibt ein privater Eindruck, so auch im achteckigen Hauptbau, von dessen Mitte aus, einem Stern im unteren Saal, die Blicke in die langen grünen Lindenalleen schweifen, aber keines der anderen Häuser zu sehen ist.

Das Schloss war der Jagd gewidmet, auf die sich alles bezieht. Der Bauherr Clemens August stammte aus einem der bedeutendsten Adelshäuser Deutschlands, dem der Wittelsbacher. Er war einer der sieben Kurfürsten, Erzbischof von Köln, außerdem Bischof von vier weiteren Städten. Nur etwa zehnmal wurde das Schloss zu seinem ursprünglichen Jagdzweck genutzt. Eine Machtanhäufung des Absolutismus, ein Reichtum, der sich selbst in der kostbar ausgestatteten Kapelle zeigt.

Der Fürst residierte im Hauptgebäude, unten im Saal wurde abends gespeist und dem Glücksspiel gehuldigt, oben waren die Schlafzimmer in der Beletage, die mit kostbarsten Tapeten geschmückt waren. Wegen seiner Lungenkrankheit schlief der Kurfürst im Sitzen, aber auch, wie damals nicht unüblich, damit er dem Tod ins Auge sehen könnte, wenn dieser käme.

Der Veranstaltungskalender des Museums verweist die Besucher auf so passende Themen wie den Landeskürwettbewerb im Jagdhornblasen oder Falknertage.

75

Benediktinerinnenabtei St. Scholastika, Kloster Burg Dinklage
Burgallee 3
49413 Dinklage
04443 5130
www.abteiburgdinklage.de

VON DER SCHEUNE ZUR KIRCHE

Kloster Dinklage

Das Kloster Dinklage besuchte ich im Dauerregen. Wirkte die Burg deshalb so schutzspendend auf mich? Oder sollte die Frage lauten: Wenn es diesem Ort selbst bei Regen gelingt, so einladend zu sein, wie viel mehr bei Sonnenschein? Wenn die Sonnenflecken durch dichten Baumbewuchs zu Boden schweben, das Wasser lichtgesprenkelt aufglänzt und die Fenster der Burg sich in den Gräben spiegeln, zumindest dort, wo der grüne Belag, die Entengrütze, abgegrast ist. Wie kleine Mähmaschinen ziehen die Enten mit lautlos schnappenden Schnäbeln ihre Bahnen. Ich entfliehe dem Regen in die Burg, klingele, weil gerade das Mittagsgebet beginnt, zu dem die Nonnen im Benediktinerinnenkloster einladen.

St. Scholastika war die Schwester des heiligen Benedikts von Nursia und hat für die Benediktinerinnen die gleiche Bedeutung wie St. Clara bei den Franziskanern. Eine gelehrte Frau. Die Nonnen arbeiten zwischen ihren Gebetszeiten im Klostercafé oder im Laden, in einer Weberei und Bäckerei, aber auch als Ansprechpartnerinnen und Kursleiterinnen für Sinnsuchende und bei den Exerzitienangeboten. Die Kirche haben sie zum Teil selbst gebaut. Es ist die alte Scheune der Burg, deren Altar aus Findlingen besteht, darüber ein schlichtes Holzkreuz mit einer geschnitzten einfachen Christusfigur. Den Fußboden haben die Schwestern mit Weserkies ausgelegt, er zieht die Blicke in unendlichen Mustern und Spiralen auf sich.

Hier herrschte seit dem 17. Jahrhundert die Familie von Galen. Ein berühmter Spross ist der spätere Kardinal Clemens August Graf von Galen, der sich standhaft gegen die Rassenpolitik der Nationalsozialisten wehrte. Den Krieg überlebte er, starb aber 1946 und wurde 2005 selig gesprochen. Sein Neffe schenkte den Benediktinerinnen die gesamte Anlage. Dazu gehört die Burgkapelle, die innerhalb des äußeren Wassergrabens liegt.

Wer sich bei den Nonnen einquartieren möchte, kann den Tag früh beginnen: Werktags findet das erste Gebet um 5.45 Uhr statt, das letzte um 20.30 Uhr.

76

Am **Dümmer See** liegt das **Dümmer-Museum Lembruch**
Götkers Hof 1
49459 Lembruch
05447 341
www.duemmer-museum.de

Tourist-Information Erholungsgebiet Dammer Berge
Mühlenstraße 12
49401 Damme
05491 996667
www.dammer-berge.de

NATUR UND FREIZEIT GANZ IM SÜDEN

Dümmer See und Dammer Berge

Ganz im Süden des Oldenburger Landes liegen Berge und ein großer See. Der Namensgeber des Naturparks Dümmer ist der zweitgrößte See Niedersachsens, fast dreimal so groß wie das Zwischenahner Meer. »Diup meer«, tiefes Meer ist die Bedeutung des Namens. Wie alle Seen Anziehungspunkt nicht nur für Gestresste. Die Wohltat einer großen, aber begrenzten Wasserfläche auf die menschliche Seele ist erwiesen. Und so tummeln sich am See alle Arten von Wassersportlern bis hin zu den Spaziergängern, die es nur vom Parkplatz zum Café schaffen.

Wenn ich am See entlanglaufe, schaue ich immer nach den Vögeln. Denn Gänsesäger, Kiebitz und die vom Aussterben bedrohte Trauerseeschwalbe, die einen möwenähnlichen Schrei ausstößt, haben hier ihr größtes Überwinterungsgebiet. Im Frühjahr ziehen Kraniche nach Norden. Im Schilf oder auf schwimmenden Wasserpflanzen wird gebrütet. Im Norden des Sees gelegen gibt es ein Dümmermuseum in Lembruch, wo alles über das Naturparadies zu erfahren ist. Abwechslungsreich ist die Landschaft durch die Silhouette der Endmoränen Dammer Berge, für die der See sich vor über zwei Millionen Jahren als Auffangbecken gebildet hat. Es gibt dort sogar einen künstlich angelegten Bergsee, ehemals Klärteich für Eisenerzabbau, inzwischen ebenfalls Naturschutzgebiet. Zwischen ihnen im Westen, über 100 Meter hoch, und dem langgestreckten, aus Kalksandstein bestehenden Stemweder Berg im Südosten liegt der See, höchstens anderthalb Meter tief, der eine natürliche Grenze zum Königreich Hannover bildete. Heute ist Nordrhein-Westfalen nicht weit.

Vielleicht mache ich einmal eine Kanutour auf der Hunte, die sich nördlich vom Dümmer See in die Hunte-Nord und die Lohne aufteilt und als Hunte-Süd weiterfließt. Beruhigend für alle Nichtschwimmer oder Lehrer, die Klassenausflüge machen wollen: Die Gewässer haben Stehtiefe!

Die Dammer Berge bieten ein Wandergebiet durch Berg und Tal, das man so nördlich nicht erwartet. Dort ist der Uhu heimisch und zahlreiche Orchideenarten.

LITERATUR

– Aschenbeck, Nils: *Architektur, Skulpturen und Parkanlagen in Delmenhorst*. Delmenhorst: Verlag Siegfried Rieck 1993.

– Emslandmuseum Schloss Clemenswerth u. Emsländischer Heimatverbund e. V. (Hrsg.): *250 Jahre Kapuzinerkloster Clemenswerth 1741–1991*. Sögel: 1991.

– Hennings, Ralph u. Torben Koopmann: *St. Lamberti-Kirche in Oldenburg*. München: Deutscher Kunstverlag 2011.

– *Oldenburgische Sagen. Ausgewählt und neu erzählt von Hermann Lübbing*. Oldenburg: Holzberg 1968.

– Pühl, Eberhard: *Schlossgarten Oldenburg. Gehölzführer*. 2. Aufl. Oldenburg: Isensee-Verlag 2002.

– Stockter, Hugo: *Drei Frauen im Kampf um Kniphausen*. Wilhelmshaven: Stiftung Burg Kniphausen 1994.

– Stöver, Krimhild: *Der Hasbruch. Bilder und Geschichten*. Oldenburg: Holzberg 1981.

– Warnecke, Edgar F.: *Burgen und Schlösser im Oldenburger Land*. Oldenburg: Bültmann & Gerrits 1993.

WEITERE LIEFERBARE Lieblings-plätze

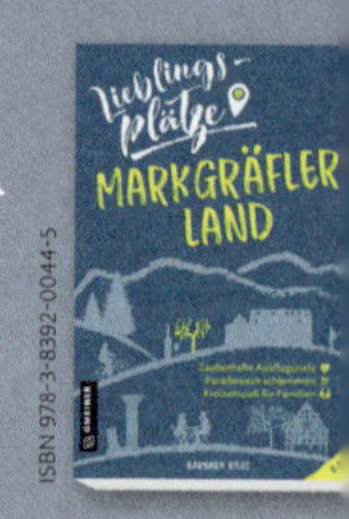

ISBN 978-3-8392-0044-5

ISBN 978-3-8392-2730-5

ISBN 978-3-8392-2613-1

ISBN 978-3-8392-2837-1

ISBN 978-3-8392-2616-2

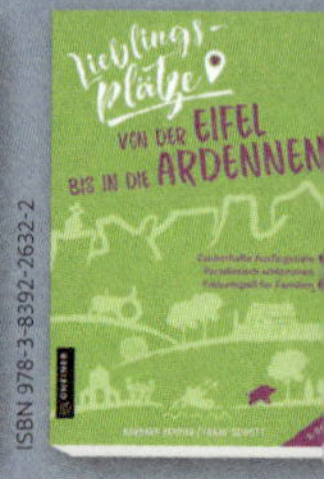

ISBN 978-3-8392-2632-2

ISBN 978-3-8392-2733-6

ISBN 978-3-8392-2731-2

ISBN 978-3-8392-2732-9

ISBN 978-3-8392-2628-5

ISBN 978-3-8392-2621-6

ISBN 978-3-8392-2885-2

ISBN 978-3-8392-2625-4

ISBN 978-3-8392-2838-8

ISBN 978-3-8392-2630-8

ISBN 978-3-8392-2631-5

ISBN 978-3-8392-2928-5

ISBN 978-3-8392-2929-3

ISBN 978-3-8392-2932-3

ISBN 978-3-8392-2931-6

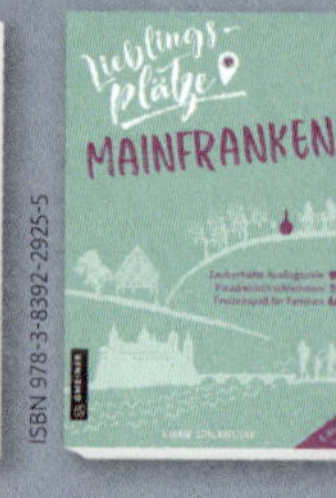

ISBN 978-3-8392-2925-5

ISBN 978-3-8392-2619-3

ISBN 978-3-8392-2618-6

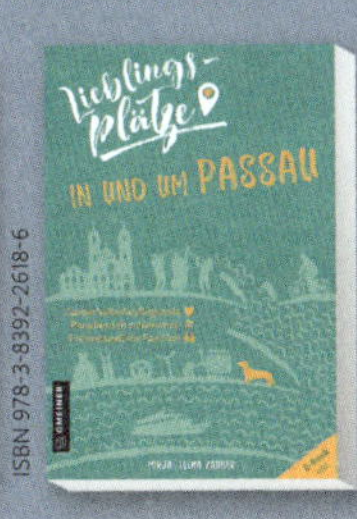

ISBN 978-3-8392-2615-5

ISBN 978-3-8392-2629-2

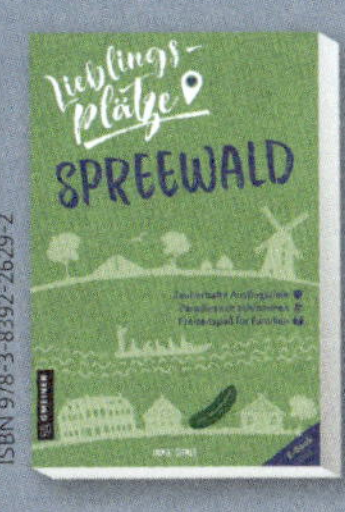

ISBN 978-3-8392-2627-8

ISBN 978-3-8392-2617-9

ISBN 978-3-8392-2635-3

ISBN 978-3-8392-2633-9

ISBN 978-3-8392-2405-2

ISBN 978-3-8392-2614-8

ISBN 978-3-8392-2839-5

ISBN 978-3-8392-2624-7

ISBN 978-3-8392-2611-7

ISBN 978-3-8392-2545-5

ISBN 978-3-8392-2620-9

ISBN 978-3-8392-2634-6

ISBN 978-3-8392-2927-9

ISBN 978-3-8392-2926-2

ISBN 978-3-8392-2924-8

ISBN 978-3-8392-0043-8

Kirsten Ranf
Lieblingsplätze
Lüneburger Heide
192 Seiten, 14 x 21 cm
Klappenbroschur
ISBN 978-3-8392-0159-6
€ 17,00 [D] / € 17,50 [A]

Grün ist die Heide? Von wegen. Im Spätsommer ist sie lila und den Rest des Jahres durchaus bunt. Oder hätten Sie hier eine Art Schloss Neuschwanstein mit einem künstlichen Vulkanausbruch vermutet? Und in Lüneburg einen schiefen Kirchturm, von dem jeden Morgen Trompetenmusik erklingt? Reisen Sie mit Kirsten Ranf über die schönsten Wanderwege zu den gemütlichsten Gasthöfen und lernen Sie die interessanten Menschen hinter diesen Orten kennen. Lüneburg und die Heide, das ist eine Wundertüte mit 1.000 Überraschungen – die schönsten finden Sie hier.

GMEINER